U0584270

会昌非遗丛书

主　　编：梁玲娜　曾　敏

会昌非遗丛书编委会

主　　任：梁玲娜

副 主 任：黄振荣　曾　敏

委　　员：罗广洲　张丽萍　池海瑛

　　　　　刘　燕　李宸龙　左　婕

　　　　　刘　茜　钟　艺

摄　　影：李建平　黄振荣　曾　敏

　　　　　刘小海　左　婕

·会昌非遗丛书· 主编/梁玲娜 曾 敏

赣南客家

匾额习俗研究

曾 敏◎著

江西人民出版社
Jiangxi People's Publishing House
全国百佳出版社

图书在版编目(CIP)数据

赣南客家匾额习俗研究 / 曾敏著. -- 南昌：江西
人民出版社，2023.12
（会昌非遗丛书 / 梁玲娜，曾敏主编）
ISBN 978-7-210-15275-0

Ⅰ.①赣… Ⅱ.①曾… Ⅲ.①牌匾-文化研究-赣南
地区 Ⅳ.①K875.44

中国国家版本馆 CIP 数据核字（2024）第 030693 号

赣南客家匾额习俗研究
GANNAN KEJIA BIAN'E XISU YANJIU

曾 敏 著

责 任 编 辑：吴艺文
封 面 设 计：同异文化传媒

 江西人民出版社
Jiangxi People's Publishing House
全国百佳出版社　　出版发行

地　　　　址：江西省南昌市三经路 47 号附 1 号（邮编：330006）
编辑部电话：0791-86898470
发行部电话：0791-86898893
网　　　　址：www.jxpph.com
电 子 信 箱：wuyiwen008@126.com
承 印　　厂：南昌市红星印刷有限公司
经　　　销：各地新华书店

版　　次：2023 年 12 月第 1 版
印　　次：2023 年 12 月第 1 次印刷
开　　本：787 毫米×1092 毫米　1/16
印　　张：10
字　　数：150 千
书　　号：ISBN 978-7-210-15275-0
赣版权登字-01-2023-648
定　　价：48.00 元

版权所有　侵权必究

赣人版图书凡属印刷、装订错误，请随时与江西人民出版社联系调换。
服务电话：0791-86898820

省级代表性传承人萧天长在刻匾

游匾

游區

祭區

点光

拜匾

升匾

受匾人发表讲话

祠堂竣工典礼

午宴

为国家级非遗项目赣南客
家匾额习俗传习点授牌

6

建设赣南客家匾额习俗传承基地

开展赣南客家匾额
习俗进校园活动

作者(右一)在百匾堂介绍赣南客家匾额习俗

作者在赣南师范大学举办《赣南客家匾额习俗的前世今生》学术讲座

省级代表性传承人萧天长在为中小学生介绍赣南客家匾额习俗

让客家匾额文化惠泽当代社会

钟俊昆

不久前,会昌曾敏学友询问能否给他的一本客家匾额研究著作写个序言,我爽快答应了。一来曾长期关注过这个选题,我的家乡上犹县也是客家匾额之乡,自己也受到匾额文化的滋养,对客家匾额倍感亲切;二是会昌有匾额特色展馆——百匾堂,民间有活态的游匾习俗,也是国家级非遗项目的申报地,有其丰富的匾额资料与前期成果,客家匾额的学术研究价值与社会影响力显而易见。

客家匾额被誉为微型族谱,是鲜活的客家家族史、文化史,透露出客家人对道德、伦理、教育、建筑、雕刻、绘画、书法等的深刻见解与价值取向,它本身就是一门雅致的传统艺术,蕴藏着丰富的文化信息与客家人的生存发展理念。

客家匾额记载了客家家族历史渊源与播迁轨迹,有助于客家源流史、家族史研究。如客家地区的钟、陈、赖、邬等姓氏,大多是发源于河南颍川郡的名门望族,后世称为"颍川世第",其祠堂则冠以"颍川堂",反映出客家与中原的密切关系;李姓的"陇西世家""陇西衍庆"隐含着李氏从陕西、甘肃一带的陇西郡迁徙到南方客家地区的线路图;严姓"富春流芳",源于东汉名士严子陵耕钓富春江的故事,匾额反映了其流徙地及其播迁历史。

客家匾额遥念先祖的德业与功勋。如凌姓的祖先据称是在周朝王室担任储冰官职,凌姓匾额便书写"冰清玉润",隐喻品德雅洁;钟姓"越国流芳",源于唐代江西兴国人钟绍京曾任中书令,被封为"越国公";钟姓"飞鸿舞鹤"则与三国时钟繇的书法呈现"飞鸿舞鹤"的审美风格有关;刘姓"校书世第""禄阁遗风"源于西汉经学家、文学家、目录学家刘向曾在皇宫的天禄阁任校对经书之职。

客家匾额记录先祖的品行。如林姓"梅鹤风标"则纪念北宋杭州人林逋隐居西湖"种梅养鹤"的故事,张姓"百忍成金"、袁姓"卧雪高风"、钟氏"知音传芳"、杨姓"清白传家"均标榜各姓氏先祖隐忍、高洁、清廉的德性涵养。

有些源于典籍的匾额是各姓氏比较通用的,有其古训意义,多为道德箴言与治家祖训。如"友恭传芳",来自于《三字经》"兄则友,弟则恭";"修身齐家",典出《大学》"修身、齐家、治国、平天下"。

客家匾额褒扬先辈功绩,垂训后人,是客家文化传承的重要载体,至今仍有重要的社会价值。如反映出家族教育的成功,孔姓"诗礼传家"即据《论语》中孔子对后辈所言"不学诗无以言,不学礼无以立",对其裔孙以诗礼相训示;范姓"文正遗风"源于北宋政治家、文学家范仲淹的谥号,以绳继先祖风范;朱姓"紫阳世泽"、罗姓的"理学传家"则分别与南宋教育家朱熹、理学家罗洪先有关;曾氏的"三省传家"、张氏的"金鉴流芳"启迪传家美德;徐姓"高士遗风"源于东汉豫章隐士徐孺子,他博学多才又有推贤尚善的宽阔胸襟;田姓"紫荆传芳"源于分家产时的遭遇,而后兄弟友睦,以至门前紫荆树茂盛如初的故事。这些匾额蕴含的文化深意足以规训族裔并垂范后人。

客家匾额习俗是客家先民历经南迁与生存竞争凝结而成的文化精华,体现了客家文化中的寻根意识、德性涵养,富有乡土气息,昭示着传统农耕社会背景下社会底层民众的品德坚守与文化传承,具有深厚的内涵,其承载的优秀传统文化在当代社会仍需得到继承与弘扬。

曾敏学友是客家人,大学毕业后在中学任教,因喜爱客家民间文化并发表了不少研究论文,才华初露,机缘巧合,加上当地领导慧眼识珠,便调至当地文化部门工作,更为欣喜的是他直接参与了第四批国家级非物质文化遗产代表性项目名录"匾额习俗(赣南客家匾额习俗)"的调研与申报工作,其申报前后的系列成果经修改完善后形成《赣南客家匾额习俗研究》一书。

全书分为七章,计有客家南迁与赣南客家民俗、匾额习俗的形成与发展、匾额的规制、匾额的制作技艺、匾额习俗的价值、游匾升匾文化仪式、匾额传奇等专题,十余万字。作者先介绍匾额的形成发展,结合客家南迁史与文献资料,推论客家匾额的在地化,把客家匾额的由来、受尊崇的情形及成因,条理清晰地加以论述,再呈现客家匾额本身的格式规制、制作工艺、价值构成等内容,顺着这条思路则对客家匾额的传承情况,包括游匾、挂匾民俗仪式、传承人现状、传承模式与困境等加以阐释。全书逻辑连贯,体例周全,内容丰富,构成一部融理论研究、案例分析、实操经验于一体的著作。总体而言,本书对国家级非物质文化遗产名录"赣南客家匾额习俗"作了全面的学术总结,观点体系较严谨,知识拓展上亦有其实用性,装帧编排图文并茂,兼及学术研究与大众阅读之需,凸显了本书的特色与价值。

当然,本书也仍有提升的空间,如全书举例以会昌客家匾额为主,较少兼及客家其他县(市、区)的匾额资料。

整体而言,本书是一部目前并不多见,且值得大力宣传推广的客家匾额文化论著。相信它的出版,一定能使这份珍贵的客家文化遗产得到更好的守护、传承与利用,让它惠泽当代社会。

是为序。

(注:作者系赣南师范大学客家研究中心教授、博士生导师)

匾额习俗历久弥香

肖艳平①

　　人的一生中总有几个难忘的地方,家乡一定是每个人挥之不去而永藏心底的心灵居所。长期处于农业社会的中国人形成了安土重迁的习惯。家乡的地形地貌、山水草木与生活于此的人们的日常饮食起居密切相关,久而久之,这种习惯就成了一个地区的民风礼俗。这种具有地域性的民风民俗对个人精神品格的形成具有重要意义。因此,"家乡"一词在中国文化中被赋予了更多的情感色彩。

　　生于斯,长于斯,人们对家乡有一种天然的亲近感,这种情感随着年岁的增长而逐渐加深。因此,对于一个成熟的艺术家而言,家乡在他们的作品中往往都有一席之地,甚至具有重要位置。例如,在文学领域,山东高密是莫言多部小说的重要背景,陕北黄土高原是路遥多部小说的故事发生地,灵秀的湘西让沈从文的笔端增添了许多神秘的美好;在音乐领域,苏南水乡的情调是民族音乐家刘天华作品的底色,黄土高原的沧桑感是赵季平音乐基本格调,"楚俗好巫"的湖湘文化在谭盾音乐中赋予了神秘的"鬼气"。然

―――――――――――

　　① 按,萧氏曾经写作"肖氏",近年来,萧氏做了大量"纠肖复萧"工作,笔者在与"萧氏"交往中,为尊重他们都称"萧",因此本书除序言署名"肖艳平"外,其余各处均用"萧艳平",特此说明。

而,浓厚的家乡情感对于艺术创作而言,或许是件好事;对于学术研究而言,浓浓的家乡情结使得学者很难跳脱出基于主观情感的天然藩篱。一般而言,年轻学者大多从事"他文化"研究,只有待年长后才逐渐走向家乡研究,尤其是家乡的传统文化研究。

就某一地域文化进行深入的学术研究,不仅需要大量前期积累,熟稔地方文化传统,还需要大量基础资料铺垫,而且还经常面临文献缺失的尴尬。这类研究,不仅出成果不容易,甚至由于受地域的限制,研究成果的影响力也难以引起学界关注。因此,在一般人的意识中,地域文化研究队伍构成往往是退休教师之类的年长学者,鲜有年轻学者涉足县乡文化的挖掘与阐释。

然而,曾敏却是一个例外。他是一位典型的八零后,从二十几岁本科毕业开始至今一直致力于家乡文化研究。从近年成果来看,他点校了县志、编撰了非遗文集、研究了古铭文砖、探析了匾额文化。他的研究门类广泛,涉猎众多,但所有成果都是集中围绕在家乡会昌县范围之内。他在会昌县乃至在整个赣南地区,都有着较大的影响力。一些年纪大的地方学者甚至称他"曾夫子",这三个字是对他学识与人品的最高评价。

会昌县是典型的客家县,客家人对匾额有着特殊感情。凡是考取功名、耆老祝寿、某族建立祠堂等重要事情,都要给对方赠送匾额。这也是对其最高的评价与最美的祝福。由于匾额的重要性,他们在做匾、题匾等方面都有严格的要求,赠送与接受匾额也成了仪式的重要环节。因此形成了送匾、游匾、挂匾等一整套完整的习俗。与之相对应的是一整套体系性的文化。

曾敏以前在会昌县文化馆工作,文化馆与博物馆同在一栋楼。博物馆建设了"百匾堂",摆满了上百方各种不同类型、不同时期的匾额。有一次,他邀请我参观"百匾堂",推开大门,两边齐整并列的匾额,就像排兵布阵的盾牌,齐齐整整地展示在眼前。每一方匾额,就是一方神秘的画面,题匾人是谁,受匾人是什么人,他们是什么关系,甚至包括匾文是什么意思,都是一串串的疑问。不了解其中的内容,参观也就仅仅是走马观花。当我看到那一方方排列齐整匾额的第一瞬间是惊讶,为博物馆同志辛苦收集感到敬佩。紧接着就是疑惑,一百多方匾额于我而言,就是一百多组未解的问题,扑面而来,让人眩晕。然而,曾敏却是如数家珍、不厌其烦地一一解释,哪块是属于什么类型,哪块是属于什么时代,题字上有什么特征,为什么而题,哪块有什么奥秘,以及匾额的辗转经历等等说得清清楚楚。这宛如一个历经风霜、皓首穷经的智者在娓娓道来。

2016 年,会昌县萧氏宗亲会为我在萧氏宗祠举行博士匾的挂匾仪式。曾敏为我联系了本家族老、国家级非遗项目赣南客家匾额习俗的省级代表性传承人萧天长宗长。在与天长宗长的接触中,逐渐了解到匾额中的民俗文化。天长宗长与曾敏经常在一起就匾额内容、字体、内涵等方面交流切磋。在两人的对话中,可以清楚地看到一个刚过而立之年的青年与古稀之年的传承人之间的艺术切磋。天长宗长时不时对曾敏的观点投以赞许的目光。后来,在举行仪式前,曾敏详细地告诉我繁琐的礼俗程序以及注意事项。当天,在父母叔伯的簇拥下,民间乐班的伴奏下,我戴着大红花走在大街上,沿途村民投来了羡慕的目光。曾敏则在路边拿着相机记录,其中一张游匾的照片成为各种关于匾额习俗的宣传照片。我的故事也被一些记者、作家写进了民俗的报道、论文和报告文学之中,《江西日报》《人民文学》都留下了匾额习俗以及我挂匾的故事。游匾的照片及论文在网上流传,一时间,人们都开玩笑地说我成了匾额习俗的"形象代言人"。

在文化馆工作期间,曾敏不是专事匾额习俗的研究员,而是一位非遗保护的专家,由于工作的原因,常年奔波在田野乡间,与村老妇孺尤其是各个传承人都建立了很好的关系。我带着研究生研究民间音乐,经常下乡田野,只要是在会昌范围内,他都能给我提供很好的帮助。有时候帮着翻译，帮着解释，甚至经常陪同到三更半夜。有一次仪式结束后，已经是凌晨一两点了，他送我到宾馆，再骑摩托车回家。在尾灯照射下，路上大片灰尘被车轮卷起的场景，令我至今难忘。不管是在学术还是做人，他都是一样的严谨而真诚。

他的《赣南客家匾额习俗研究》，语言质朴如话，就如他的为人一样，低调而实在，简单而纯粹。阅读这本书，就像是与他对话一样。该书以匾额习俗为中心，以图文交融的形式，对匾额的历史源流、规制特点、制作技艺、社会习俗、人文价值、传奇故事等逐一叙述，可以让读者真切地了解到匾额习俗的文化魅力。在相关材料中，他以惊人的毅力克服了地方文化资料缺失的窘境。为了解决一个个问题，他购买了一部部电子文献，走访了一个个村民，查考了一卷卷族谱，释读了一方方碑刻。在他的履历里，会昌县域及其周边的村落中都留下了他奔忙的脚步。"五个一"（一个人、一台相机、一本笔记本、一支笔、一辆摩托车）是他田野考察的"标配"。年复一年，他靠着这"五个一"积累了大量的第一手资料与素材。正是因为作者的田野经历，加之扎实的文献功底，该书所展现的内容，令人信服。

常言道，"一方水土养一方人"。从文化学者的角度来看，我们都享受着家乡文化的持续浸润与滋养，成长以后，我们还要注意反哺家乡文化，为家乡文化多做阐释与积极弘扬。从我国的文化地图来看，在文化研究上存在一个个地域性的"热点"与"特区"，同样也存在大量缺乏研究的"盲点"与"盲区"。这些"盲点"与"盲区"是一个个亟待发掘与研究的文化点与文化群。由于我国的传统社会处于相对封闭的状态，加之语言与交通上的不够便利，外来学者的研究往往很难介入其中。因此，地域文化的研究不仅需要地方学者的直接参与，更是需要有情怀、有责任感的地方青年学者持续地，几十年如一日地为之付出。

　　我想,曾敏就是这样的人。他以他的文字进一步丰富了这片被毛泽东赞誉为"风景这边独好"的会昌的文化底蕴。其实,曾敏以身体力行告诉大家,会昌不仅"风景好",而且更"有内涵"。

　　是为序。

　　（注:作者系赣南师范大学硕士研究生导师、教授）

目
Contents
录

绪　论

　　"匾",古作"扁"字。《说文解字》对"扁"作了如下解释:"扁,署也。从户、册。户册者,署门户之文也。"清代段玉裁注又说:"署门户者,秦书八体,六曰署书。萧子良云:'署书,汉高六年萧何所定,以题'苍龙''白虎'二阙。'"①羊欣的《笔阵图》中也记叙了此事:"前汉萧何善篆籀。为前殿成,覃思三月,以题其额。观者如流。"由此可知,萧何是见于著录的早期题匾者。他于汉高祖六年(前200)题写的"苍龙""白虎"两阙之匾额,是有记录以来最早的匾额。此时的匾额以竖匾居多,悬挂范围可分为室内和室外,室外的多悬于皇家宫殿、寺庙祠堂、亭台楼阁、书院会馆、店铺门面等,起标识作用;而室内的则为深宅大院之内,大多有自勉意味。

　　早期的匾额,其功能主要是标识。先秦的"名学"为匾额产生提供了深厚的理论基础。匾额的生成是以孔子"正名以正政"②"名正言顺"的"名学"思想为理论核心的,孔子的"正名以正政"说,成为治国的重要理念。其三个基本论点是:"用'名'来识别万物,以'名'来区分贵贱尊卑,用'名'来褒扬

---

① 〔东汉〕许慎撰,〔清〕段玉裁注. 说文解字注(二篇下)〔M〕. 上海:上海古籍出版社,1988:342.

② 《论语·子路》:子路曰:"卫君待子而为政,子将奚先?"子曰:"必也正名乎!"子路曰:"有是哉,子之迂也! 奚其正?"子曰:"野哉,由也! 君子于其所不知,盖阙如也。名不正,则言不顺。言不顺,则事不成。事不成,则礼乐不兴。礼乐不兴,则刑罚不中。刑罚不中,则民无所措手足。故君子名之必可言也,言之必可行也。君子于其言,无所苟而已矣。"

良善。"这种"正名"之说,也被后人引入匾额形式之中。匾额用长方形以显其正,而必须悬于门首之额,也是取其正中之意,表示着正统、正宗、正气和正派。

秦汉以后,匾额又被人们赋予了新的用途,被写上溢美之词并高悬起来,起表彰人物的功用。《后汉书·百官志》载:"凡有孝子顺孙,贞女义妇,让财救患,及学士为民法式者,皆扁表其门,以兴善行。"①可见,早在秦汉时期,匾额的表彰、激励功能,就已经得到了社会尤其是民间的认可。随着中原人的大量南迁,汉文化带到了当时被认为"蛮夷之地"的吴楚大地,尤其是开发较晚的赣、闽、粤之间的三角地带,促进了当地文化的发展,匾额最终在赣南形成了独特的民俗——赣南客家匾额习俗,并形成了择吉日良辰、定匾、游匾、请匾、祭匾、拜匾、升匾、呼赞、撒粮米、揭匾、赴宴等一套从规制到仪式独特严密的程序,具有很强的民俗性。

"但凡井水饮处,皆能见匾额。"赣南客家匾额习俗在赣南大地落地生根,活态传承,至今仍在培育和践行社会主义核心价值观、构建中国特色社会主义文化中发挥着极其重要的作用。赣南客家匾额习俗以树立榜样、激励先进、启迪后人为核心,体现了赣南客家人追根寻源、睦宗敬祖、崇文重教、积极入世的文化特质。匾额由此逐渐成为具有伦理功能和教化功能的主要载体,在历代官方政府与民间乡绅的共同努力下,利用匾额习俗这种民俗文化,对乡村治理与教化作用不断得到充分的发挥。从宋元到明清,再到民国的1000多年间,赣南客家匾额习俗这一民俗文化可谓长盛不衰,历久弥香。

---

① 〔西晋〕司马彪.后汉书志:第二十八·百官五[M].北京:中华书局,2001:3624.

第一章　衣冠南渡与赣南民俗

客家,是中原汉人南迁过程中在特定环境里形成的汉民族的一个支系。一批批原居住在河洛地区的中原人,在南迁至闽、粤、赣三角地带过程中,逐渐形成了客家民系和客家文化。这一论断几乎已成为客家学界的共识。

客家学的奠基人罗香林在其1933年出版的《客家研究导论》一书中,提出客家之源为"中原衣冠旧族",他认为客家源自中原迁居南方,其后总计大迁移五次:"第一次由晋代五胡乱华和八王之乱引起,系中原第二支避难的汉族南迁远至赣省中、南部,近则仍滞留颍、淮、汝、汉诸水之间。隋唐时因天灾人祸特别是黄巢起义战乱,客家先民第二次移入鄱阳湖平原,并至赣南、闽西南等地;留居颍、淮、汝三水未徙的东晋移民,亦有一部分为客家先民,他们这次迁徙,远者达惠州、嘉应、韶关等地,近者则达福建的宁化、长汀、上杭、永定等地,更近者到达赣南各地。至宋太祖统一全国,陆续南下的汉族稍得安顿。其后宋高宗南渡,元人入侵,客家先人进行了第三次迁移,多分由赣南、闽西辗转流入粤东、粤北,或勤王随驾战死、流徙。自康熙初叶至乾嘉之际,客家进行了第四次大迁徙,起因是民系内部人口膨胀,外加满族入主中原造成的影响,又逢此时四川和广东沿海各地、广西苍梧柳江所属各县以及台湾,因兵灾或迁界衰落,或本来人稀,亟须招致农民前往垦殖。客家迁移运动第五时期则自同治六年(1867)启动,多数由粤中粤东迁徙至高州、雷州、钦州、廉江各地,或更渡海至海南岛西南部。"①事实上,无论是提倡客家人的"五次迁徙"说,还是"七次迁徙"说,客家人的迁徙都与赣南这片土地息息相关,尤其是第二次和第三次,赣南成为客家先民南迁的容纳地和中转站。以赣州为例,于第二次迁移时,唐末至北宋时期这里的人口剧增,由唐元和年间(806—820)人口总数的 26,260 户猛增至北宋末年的 272,432户;第三次约宋元之际,人口剧减,由北宋末年 272,432 户缩至元初的 71,287户。许怀林先生根据相关资料统计,得出如下数据:

表1 唐、宋、元初闽粤赣边区人口分布变化示意图② （单位:户）

地区	唐元和户数	北宋末户数	元初户数
赣州	26,260	272,432	71,287
漳州	1,343	112,014	21,695
汀州	2,618	223,432	41,432
南剑州	—	157,089	89,825
邵武州	—	212,951	64,127
循州	2,809	47,192	1,658
惠州	—	61,121	19,803
梅州	—	12,372	4,478
潮州	1,955	74,82	63,650
合计	34,985	11173,285	375,946

(资料来源:分别见《中国人口》广东分册、江西分册的第二章;朱维干《福建史稿》第十三章。)

---

① 罗香林.客家研究导论[M].广州:广东人民出版社,2018:3。
② 许怀林.关于客家源流的再认识[J].客家研究辑刊,1998(1-2);房学嘉,宋德剑,周建新,等.客家文化导论[M].广州:花城出版社,2002:34。

　　据大部分学者通过语言学和族谱研究,认为"客家的形成,应在晚唐五代至宋初以后。客家的先民来自以中原为主的广大北方地区,继承着宋朝以前的中原文化传统"①。从表中我们可以看出,唐宋时期,赣、闽、粤客家地区吸附了大量的外来人口,这些人口就是我们今天所说的客家先民。

　　随着元兵南下,客家先民第三次迁徙运动启动以后,一部分人留下定居,与本地土著继续在交往中互相融合,并继续吸纳着北方南下的先民。另外一部分人,迁徙到更为边远的地区乃至海外。至元明时期,江西中部的一部分姓氏又先后迁入赣南,他们与先期迁入的姓氏相融合,而正式成为赣南所称的"老客家"。此后,明代由粤东、闽西大批客家人回迁,遍及赣南各地,称为"新客家"。最终,奠定了赣南客家的现代格局。② 由此,赣南最终成为"客家摇篮",孕育了汉民族最具特色的一个支系。

第一节　赣南的地理位置

　　赣南,古称虔州,位于江西南部,地处赣江上游。地势周高中低,南高于北。它东靠武夷山,与闽西的龙岩和三明市相连,西倚罗霄山脉,与湖南的郴州市相连,南横九连山,和粤东的梅州市、河源市、韶关市相连,北傍锷山,跟本省的吉安和抚州两市相交。"在秦代,经过赣南越梅岭而进入广东南雄,曾经是秦开辟的由中原通达岭南地区的四条'新道'之一。隋开凿大运河及唐凿通梅岭驿道后,从中原沿大运河南下,经扬州溯长江而入鄱阳湖,再逆赣江、章江而上至大余,逾梅关而进入南雄,然后顺浈水到达广州,成为我国对外贸易和南来北往的主要通道。"赣南处于我国东南沿海地区向中部

① 房学嘉,宋德剑,周建新,等.客家文化导论[M].广州:花城出版社,2002:34。
② 董励.客家[M].广州:广东人民出版社,2005:4-5;罗勇.赣南客家姓氏渊源研究[J].赣南师范学院学报,2003(5);刘劲峰.积累与嬗变——略论客家民系的形成过程[J].客家研究辑刊,2001(1)。

内地延伸的过渡地带,也是内地通向东南沿海的重要通道之一。

赣南多山区,境内海拔 200 米至 500 米间的丘陵地形,约占总面积的 61%,四周主要分布海拔 1000 米至 2000 米的山地,约占总面积的 22%,盆地则仅占 17%。故民谚:"八山半水半分田,半分道路和庄园。"赣南形胜,史称"处江右上游,地大山深,疆隅绣错,握闽楚之枢纽,扼百粤之咽喉"。"然山僻俗悍,界四省之交,是以奸宄不测之徒,时时乘间窃发,叠嶂连岭,处地既高,俯视各郡,势若建瓴"①。由此可见,在历史上的赣南,是个充满战争、掠夺的地方,但也正由于这样的环境,造就了客家先民聚族而居的生活形态,他们来到赣南后,不得不选择条件更为艰苦的山区,形成了"逢山必有客"的独特现象。

赣南位于东经 113°54′~116°38′,北纬 24°29′~27°09′之间,地处中亚热带南缘,呈典型的热带丘陵山区湿润季风气候区,雨量充沛,气候温和,热量丰富,酷暑和严寒时间短,具有冬、夏季风盛行,春、夏降水集中,无霜期长,春早、夏长、秋短、冬暖,四季分明。优越的地理环境,独特的地质构造和宜人的气候条件,使赣州成为自然资源的宝库,生物资源种类繁多,有高等植物 2500 种,农作物 2000 多种,乔灌树种 1500 余种,为全国重点林区之一。特别是龙南的九连山峰峦叠嶂,林木葱茏,保存了不少野生植物的活化石和珍贵树种,是我国中亚热带南缘东端自然生态系统保存最完整的地段,为全省重点自然保护区之一。

赣南历史悠久,文化底蕴丰厚。新石器时代就有先民在此繁衍生息;秦始皇三十三年(前 214)开始有郡县建制。秦汉以来,由于战乱的影响和出于某一特定时期的政治需要,北方居民即开始向还处于"火耕水耨"状态的"蛮夷之地"的赣、闽、粤移民。从此,大量的北方士民定居赣南,特别是唐、宋之际,大量背井离乡的中原居民迁入,他们在此开垦荒地,传播先进的耕作技术和中原发达的文化,使这一地区的社会经济、文化有了飞跃发展。由于大运河的开凿,赣江水域日益发达,赣州成为沟通南北的重要枢纽。到了宋

---

① 〔清〕魏瀛修,〔清〕鲁琪光,钟音鸿.同治赣州府志:卷首《序》.刊本.1873(同治十二年).

代,赣州"商贾如云""货物如雨",成为当时全国三十六大城市之一。

优越的地理环境,气候湿润,雨量充沛,土地肥沃,各种资源丰富,赣南成为客家先民迁徙的中转站,从而逐渐形成了"客家摇篮"也就不难理解了。

第二节　客家世族聚居的形成

自古以来,由于赣南境内四周峰峦山谷各成天险,成为兵家必争之地、盗寇出没之所。所谓"自古以来,江右有事,此兵家之所必争"。当北方世族迁徙到赣南,在极为艰苦、贫瘠的丘陵山地繁衍生息,常有虫兽的侵袭、土著居民或先抵达的外来居民的敌视等等,这种恶劣的环境,就使得客家先民产生了一种强烈的愿望,即聚族而居,形成一个命运共同体。通过姓氏、血缘等结成的共同体,内部关系得到了进一步巩固与加强。于是,宋元时期,赣南客家的宗族制度开始建立。

赣南客家的宗族制度内容广泛,涉及经济、政治、文化、家族等诸多方面,总的来说,形成了崇祖、联宗、重教的特色①。这一点应该说已经成为海内外客家研究学者的广泛共识。

一、崇祖

一个家族,就是一个由血缘关系连结起来的共同体,而这种共同体,又可以说是祖先血缘的延续。因此,祖先在宗族中处于至关重要的地位。崇祖,是赣南客家宗族中的第一要务。客家人的崇祖观念尤为强烈,他们长途跋涉来到陌生而艰苦的环境,更希望得到祖先神灵的保佑,因此,他们哪怕是千里迢迢,适彼新土,也不忘背负着祖先骸骨,辗转迁徙。通过崇祖,对内增强凝聚力,对外壮大宗族的声威,赣南客家的宗族制度通过族谱、祠堂、祭祖仪式等方面集中地表现了这一特点。

---

① 林晓平.赣南客家宗族制度的形成与特色[J].赣南师范学院学报,2003(1).

族谱是记载同一父系家族的来源、迁徙繁衍、血缘关系、族规家约、历史变迁、家庭成员生殁埋葬情况等的一种特殊文献形态。在尊祖意识下加深彼此的关系,增加血缘的向心力和凝聚力。作为宗族中最重要的事情,族谱编撰完毕后,各姓氏还要举行隆重的接谱仪式。接谱仪式由族长或宗亲理事会会长主持,各房各支选派儿女双全、父母健在者若干名参加接谱活动。该仪式有一套既定的程序,一般礼生引导主祭、陪祭等祭拜祖先、宰牲祭祖、上祭文、行三献礼、送匾祝贺等,祭祖时主祭三人由族长或宗亲理事会会长等有威望的宗亲担任,陪祭由各房系代表组成。主祭祭拜,陪祭则按左昭右穆、长幼有序站立,并依规拜兴。通过接谱活动,进一步加强了族人的崇祖意识。

族谱接回后,各支系要把它供奉在祠堂或众厅里。据一些客家姓氏表示,接到族谱后要迅速回到本支系祠堂或众厅,哪支宗亲最先完成供谱仪式,寓意该支系就人口发展得就更快,人丁兴旺,故流传"抢族谱"的习俗。

"国之大事,在祀与戎。"因此,赣南客家人有清明扫墓、中元烧纸、冬至挂纸的祭祖传统。每年清明、中元(或冬至),各宗族由族长、司仪主持,全族男丁(大族人多,则由各房派代表)参加,按长幼尊卑顺序排列好,按礼仪程序杀猪祭祀祖先。祭祖仪式是非常烦琐的,它大体上要经过就位、迎神、上香、进酒、酹酒、进馔、奏乐、行初献礼、行初分献礼、行二献礼(亚献礼)、行二分献礼、行三献礼、行三分献礼、行侑食礼、读硙词、撤馔、送神、烧祝文、退班等十几道程序,每个程序又有若干步骤。自古以来,祭祀就是华夏人民的重要大事。人们之所以要制订如此复杂、烦琐的礼仪来祭祀祖先,主要是表达后代对祖先虔诚的崇敬之情,并希望通过这样虔诚的祭拜来获得祖先更多的荫庇,以保佑子孙后代世代荣昌、瓜瓞绵绵。

族谱的编修,不单单是在追溯、追思祖先的基础上,从血统上明确本宗族成员的范围,将全体宗族成员囊括于谱中,使宗族成员树立本宗族的观念,联合在共同祖先的旗帜下,形成凝聚力、向心力。同时,在编修族谱的过程中,还会相应地制定本宗族的族规,达到"收族"联宗的目的。如《上洋钟氏族谱》在制定族规时,有一段引言,可以窥见宗族制定族规的良苦用心,兹录如下：

　　上洋钟氏为中明宗范，以一众志，以还淳风事。切照吾族自昔立有条约，遵守无违，邑推仁里，乡称善俗。迩来世远教湮，涣无统纪，甚至伦序弗正焉，婚姻弗慎焉，祭祀弗敦焉，学校未见其有兴焉，争竞未见其有息焉，庆吊失其节焉，奸伪失其惩焉，勤俭莫知其所尚焉，约束莫知其所严焉。凡此种者，果人心之不古若欤，抑古道之不可行于今欤？此宗范不可之所以不容不作也。

　　夫范，式也，法也。先王惧生民自纵于轨度之外，乃立范以一之，是故在一家斯有一家之范，在一国斯有一国之范，在天下斯有天下之范。天下本于国，国本于家，家之攸关，其重若此，可无范乎？用是合吾宗父老弟子之通达事理者，酌古准今，公论可否，立为经久常行之道，提而为纲者十条，而为目者五十八条。于戏！凡我父老子弟自今更始，必使伦序以正也，婚姻以慎也，祭祀以敦也，粮役以输也，学校由是而兴也，争竞由是而息也，庆吊有所节也，奸伪有所惩也，勤俭克尚也，约束克严也。诚如是，则所谓仁里之推、善俗之称者，岂不复见于今日也哉！矧兹谱牒修而孝弟兴，正足以为立范之本；公堂建而敬畏生，又足以为行范之区。愿吾宗子弟兢兢业业，以遵此范，庶几无愧于昭之旧家也耶！

　　　　　　　　　　　　　　　万历壬辰岁仲秋既望日

　　　　族长嵩三、鸣四、鸣远、鸣喧、鸣宸、鸣伦、鸣桂等公议①

　　上洋钟氏在此次编修族谱中，制定了10纲目58条目的《宗范》，全文近7千字，是笔者近10多年间所见到的规模最大的族规。其10纲目分别是正伦序、慎婚姻、敦祭祀、输粮役、兴学校、息争竞、节庆吊、惩奸伪、尚勤俭、严约束，涉及宗族生活中的方方面面，有些规定即使在今天仍然有一定的现实

---

　　① 〔明〕钟嵩三，〔明〕钟鸣四，等.宗范条陈之附［M］//〔清〕钟关松，〔清〕钟海堂，等.会昌上洋钟氏族谱.刊本.1925(民国十四年).

意义。

二、联宗

联宗,是指团结、联合具有共同血统的本宗族人。联宗为崇祖的重要目的之一。因此,赣南客家宗族崇祖的种种形式和活动中,又都表现出这一特征。例如,各宗族编修族谱活动,秉承"三十年一小修,六十年一大修"的原则,倾全族之人力、物力编著、颁发家谱,既表现出浓厚的崇祖意识,又表现出收族联宗的目的。"谱者,志族人之世次也。追已往之祖而收见在之族,祖分而族不分,故一族可同一谱。由是以观,宗法与谱法原不相谋。而拘拘执宗法以为谱法,虽曰师古,其如未尽?"①编撰族谱就是要在追思祖先的基础上,从血统上明确本宗族成员的范围,将全体宗族成员囊括于谱中,使宗族成员树立本宗族的观念,联合在共同祖先的旗帜下,形成凝聚力、向心力,这就是收族联宗。

赣南客家宗族一般都比较重视对本族中生活困难者的救济,如南康《罗氏族谱》载:"鳏寡孤独何族无之,灾厄困苦贤者不免,凡遇此等,俱宜深加悯恤……勿吝锱铢而坐视其困顿可也。"许多宗族都将其族田田租收入的一部分用于赈济族中困厄者,使赈济族人的目的更加明确。赈济对象,如属极度贫困者或遭天灾人祸等沉重打击者,一般可免于偿还;如属一时困难、青黄不接接受赈济者,有偿还能力的,日后要予以偿还,但还本就行了,一般不计利息。有的宗族还对族中老人实行优抚政策,视其年龄和家庭经济状况,给予一定的补贴。

联宗的目的,是稳固家族的社会地位,尤其是地方的话语权,而世家之间的联姻,实际上也是维持家族在地方话语权的直接有效的一种途径,也是维系宗族社会长盛不衰的有效途径。在各姓氏的族规里或多或少都能看到"慎婚姻"这一条目。如咸丰元年(1851)曾仕英纂修的《会昌县曾氏八修族谱》就再次抄录了《曾氏五修族谱宗范》,其第二目就是"慎婚姻",具有一定的代表性,兹录如下:

---

① 〔清〕万斯大.学礼质疑:宗法八〔M〕//清经解:卷四九.四库全书本.

婚姻为人道之始，关系甚重。《语》云："嫁女望高，择配宜慎。"盖求其执妇道、知敬戒，以德配德耳。高者，谓阀阅相当；慎者，谓门户严肃。若贪财利而厌贫穷，甚失正始之道，故立慎婚姻之范。

男婚女嫁俱凭媒妁传庚传言，宜选正大端悫者为之。若夸诈奸伪之徒，摇唇鼓舌，被其所惑，后悔莫及。

婚姻不须论财缔结，宜审乎德，若家世清洁忠厚可许成婚。如其居心奸险、素行恶薄，或慕其美艳、美其富贵而骤与缔姻，非玷辱当身，即不祥后代。谐婚原为昌后计，岂可轻忽？

妇人从一而终，义也。然能守此者几人？设有不幸，无论有子无子、家贫与富，应听其改适。若强为羁留，玷辱家风，贻笑外人，甚属不美。止宜令伊父母择配遣之，不许亲房人等酷诈偏手。出嫁之女遭不幸而改适，亦须如此。①

会昌曾氏更看重的是品德、品行，"婚姻不须论财缔结，宜审乎德，若家世清洁忠厚可许成婚。"不论家庭出身如何，只要家世清白忠厚都可以与之缔结婚姻。而上洋钟氏则更看重门第，其次才是品行，"不问侨居客户，不论衰落贫寒，但系故家旧族之裔，即可同盟。"如果对方过去是"卑小庸贱"出身的，即使当下富裕了，也会认为是宗族的耻辱。

诚然，会昌大多数都是客家人，由中原士族迁居南方，门第观念在有些姓氏后裔的脑海里尚有留存，这也无可厚非。如《会昌南湘大洞族规》亦有"凡以女适人、以男求配者，务择阀阅相当、世姻旧缔，不问贫富，皆可为配"的记载。从我们搜集到的大量姓氏族谱考察情况来看，门当户对仍然是最主要的标准之一，会昌客家人缔结婚姻，考虑家世是第一位，品行是第二位，经济是第三位。当然，还有更重要的是婚姻圈的问题。阎勤民先生曾对婚姻圈作过一个定义，他认为，"婚姻圈"是指人类由种族—阶级—文化所限定

---

① 〔清〕曾仕英.会昌县曾氏八修族谱［M］.刊本.1851（咸丰元年）.

的通婚空间和范围,或者由地域空间所限定的通婚范围。他认为,人类的婚姻史就是不断突破原定婚姻圈的限制,向着更高更大的婚姻范围运动。婚姻圈的运动史就是人类自身心身素质的发展史,人类由原始人—文明人—现代人的进化,都是由婚姻圈的扩张引发种质、体质、文化素质的变革造成的。亦就是婚姻圈的开放与选择而造成的。

以庄埠胡氏为例,与水头钟氏的联姻就比较频繁,形成一种特殊的婚姻圈现象。仕宦家族之间的通婚,是当时缔结婚姻的主要形式之一,胡氏与仕宦家族喻氏、欧阳氏、刘氏等都有姻亲关系。由此可见,明清时期地方有功名的书香门第之间的相互联姻,是很常见的现象,尤其是元明以来,地方家族多半在本县或者邻县选择联姻的对象,也是巩固其家族在地方社会的影响力、增加话语权的重要途径。

此外,联宗还有其他形式,比如祭祖、发谱后都要举行全族人参加的宴会。酒宴中,各房各支的宗亲聚集在一起,饮水思源,怀念祖先,共叙亲情,增强了宗族成员之间的团结。

以上种种宗族活动,都是联宗的重要体现。在宗法思想的作用下,以血缘为纽带的宗族制度得到不断加强,宗族凝聚力得到强化,从而进一步加强了聚族而居的生存形态。

三、重教

关于客家精神,前人已经进行了很多的探究。客家学的奠基人罗香林教授说,"保世滋大……抵抗一切的压力,从事各种革命运动""刻苦耐劳,容物覃人,耕田读书,沐浴卫生,和天足健步""适应环境""最讲'木本水源'"①。泰国学者伍启芳则说:"客家精神最明显的是刻苦耐劳、克勤克俭、喜爱劳动。""'和睦亲邻,繁荣地方',也是客家精神之一。""知恩报德,孝悌传家""'饮水思源,知恩图报'是本地客家人相勉之一种精神"②。钟俊昆教授则从文艺学角度、以例证推论法来评述客家精神:开拓进取,开启先锋;大

---

① 罗香林.客家源流考:结论[M].北京:中国华侨出版公司,1989:105 - 106.
② 〔泰〕伍启芳.什么是客家精神[C]//客家人(梅州,创刊号),1990:48.

局为重,视死如归;消泯功利,怡乐诗书;审时济世,经世致用;疏阔大气,精清简远;乐观向上,境界高远;民俗心性,客家情愫。① 无论从哪个角度来说,崇文重教、耕读传家的特质,基本上得到了大家的公认。

在赣南客家地区,崇文重教的风气很浓厚,耕读之家随处可见。一般宗族谱牒均表现出强烈的崇儒文化心态,要求族人以儒家的处事原则为立身之道,积极鼓励培养族中子弟参加科举考试,以求得功名,强调宗族的教育,其目的是要造就知书识礼、忠孝两全的后代子孙,以求子孙更加兴旺,宗族血脉延绵不绝。如在《龙南廖氏三修族谱·家训》中,就有这样的记载:"人生有三,事师居一;硕士鸿儒,其教所出,背之则凶,尊之则吉;为模为范,择其四术。教养无方,傅专董率;重道隆师,书香洋溢。"赣南兴国刘氏则在其家族的《族规》中,有一条专门谈及家族发展与人才盛隆的关系:"家门之隆替,视人才之盛衰;人才之盛衰,视父兄之培植。每见世家大族箕裘克绍,簪缨不替,端自读书始。凡我族中子弟,资禀英敏者故宜督之肄业,赋性顽钝者亦须教之识字。"诸如此类,在赣南各家族的家谱里,普遍能够看到。尤其值得注意的是,《会昌上洋钟氏族谱》收录的《宗范条陈之附》,其中第五目"兴学校"有数百字的规定,为表述方便,兹录如下:

　　人伦之所由明,礼义之所由出,实关于学校。学校不兴则去禽兽不远矣。就而世俗所谓学校,上则取青紫建勋业,次则窃廪禄为士儒,又次则引纸行墨支持门户,何往而非学校之所系哉! 故立兴学校之范。

　　一　凡子弟自七岁以上,尽令向学,首教以洒扫应对之节,揖让进退之方,爱亲敬长之道,然后次第授以课业,盖德行本也,文艺末也。父先师傅诚能交相训迪,则弟子自然习与性成。或时而居家,内焉必能爱其亲,外焉必能敬其长;时而居官,上焉必能致其君,下焉必能泽其民,理势之必然者也。近见人家不问师傅严明与否,只徒俸给,苟简省约,遂至礼貌衰微,斯文卑屈,求诸文艺且不可,况德行乎? 然此非于为师

---

① 钟俊昆.客家精神——文艺学视角的考察[J].西南民族大学学报(人文社科版),2006(2).

者贼夫人之子弟,实父自贼夫子弟也,冥顽不悟者,盖斯所以反之哉!

一　凡子弟之废学,或因贫而不能教者,或为市利之所夺者,或质美而自弃者,此无他作兴鼓舞之无术也。自今细查,果贫寒者量给公堂之利以资给之,利夺者诱引之,自弃者策励之,俱族长作养后辈之首务。

一　族长每季查验各塾勤惰,俾师生各知所勉,乃以公堂罚赎余资量抽若干,收买墨笔纸张,照其优劣给赏,或备茶酒以慰其勤劳。

一　子弟能前进或赴县考者,公堂给助卷价银壹钱起送,府者给卷银二钱,上学者给卷银二两,生员帮增给银一两,补廪及科举者给助银二两,例授或三考过京亦助给银二两,俱于公堂罚赎中及余利中措办,此皆光于祖考荣于宗族,毋怀嫉妒可也。

一　生员发科者,本人纳银五两;出仕者,纳银十两。俱入公堂生息,瞻学以激后进。①

上述材料是笔者在会昌县见到的120多部族谱中最详尽的家规,就"兴学校"一目而言,规定十分详尽,令人叹为观止。会昌客家人对教育的重视,由此可见一斑。

旧时客家各宗族,为了家族的兴旺和显要,大多设有族学,培育族中弟子。如会昌曾氏清末民国时期设立了登瀛小学,由有功名和比较有社会名望的家族成员担任校长,招收本宗族子弟,同时还招收少量有姻亲关系的外族子弟,一时成为当地比较有名的学校。族学的普遍性,成为客家传统教育的一大特点。法国天主教神父赖嘉禄在清末出版的《客法词典》中曾这样写道:"……客家人的每一个村里都有祠堂,那就是他们祭祀祖先的场所,而那个祠堂也就是学校……"赖里查斯在这里所说的学校,其实就是客家人传统意义上的族学。

在客家大族中,族学非常普遍,并且大多数设在祠堂。一是在祖先的神

---

① 〔明〕钟嵩三,〔明〕钟鸣四,等.宗范条陈之附[M]//〔清〕钟关松,〔清〕钟海堂,等.会昌上洋钟氏族谱.刊本.1925(民国十四年).

位面前读书,子弟普遍有敬畏心理,不敢懈怠,学业上能够得到保证;二是能更好地得到祖宗的保佑,以利于科场得志,光宗耀祖,提高宗族的声望地位,使他族不敢欺凌;三是利用祠堂现有的条件办学,可节省另建校舍的费用,可谓一举两得。族内各家各户的幼童,到了一定的年龄,都可进族学读书。

各宗族为保障族学的延续性,往往设有专供办学的"学田""儒赏田",将其中一部分或全部收入,用于族中子弟学费、应试费及登科第的奖励费。如赣县湖江谢氏宗族于清光绪年间规定:凡考上文乡榜花者,奖红钱六十千文,中副榜的奖四十千文;中武举四十千文;参加举人会试三十千文;中文进士花红钱八十千文,中武进士五十千文,拔贡三十二千文。除家族奖励外,谢氏各房还要对学有所成的子弟予以奖赏,例如,谢氏立爱堂规定:本房子弟中文乡榜花者奖给红钱四十千文,副榜三十千文,武举三十千文,参加会试三十千文,中文进士四十千文,武进士三十千文,拔贡二十五千文等等。

如果子孙获得科名,则在祠堂前竖立旗杆石,炫耀于人。旗杆石远远就能看到,且数百年不坏,无形之中对后世形成了激励作用。因此,客家人也以读书为出人头地之事,以读书为谋职业的一种手段,以此光宗耀祖,而族人也以子弟的优异成绩为荣。赣南客家地区人才辈出,和崇文重教的特质是分不开的。

改革开放以来,赣南客家人崇文重教的传统得以延续下来,民间各宗族越来越重视本族子弟的教育奖励问题,成立了大大小小的教育基金会,奖励本宗族该年度以来考取大学、研究生的学子,并在宗族祠堂里举行表彰活动,佩戴红花,发放助学奖金,举行宴会,其乐融融。同时,也通过这样的活动树立榜样,表彰先进,进一步激励宗族学子。对于一些家庭十分困难的宗族子弟,基金会还会无偿提供一定数目的助学金,以激励学子完成学业,回乡回报社会。此外,不少宗族还通过游匾、升匾的形式,来表彰获取硕士、博士学位的学子,以示荣耀,激励宗族后人奋发进取。如2016年12月23日上午,会昌萧氏宗祠为该宗族成员萧博士举行了隆重的升匾仪式,会昌文化微信公众平台报道了升匾盛况,世界萧氏宗亲总会微信公众号和县内主要媒体进行转发,引起了强烈反响。既传播弘扬了赣南客家匾额习俗这一优秀的国家级非物质文化遗产项目,又在全社会弘扬了客家人崇文重教的精神特质,具有重要的社会意义。

第三节 赣南客家祠堂与堂匾

赣南属于楚巫文化盛行的古楚地,据同治《赣州府志》记载:"赣俗信巫,婚则用以押嫁,葬则用以押丧,有巫师角术之患。士君子以礼传家则不用。"各县旧志都有关于信巫的记载,如同治《会昌县志》:"病者医稍不疗,多请巫人至家,于夜间张挂神像,主人肃衣冠,焚香拜祷。巫者扮女装,神前跳跃,鸣锣吹角,所唱不知何辞,彻旦始歇。""若病轻者,或小儿作寒热,则至巫家求翻书。巫人执书一本,……村中则于村外,设桌一张,剪纸作伞,供鸡豕或犬,名曰:'作十福。'"①上犹"士民……俗尚信巫好鬼"②。可见,"好巫尚鬼"在历史上便成为赣南民众的一种习俗。

客家先民大量南迁后,经过长途跋涉,在陌生而艰苦的环境下生存,更希望得到祖先神灵的保佑。因此,"好巫尚鬼"的吴楚故地,更加激发了他们的祖先崇拜,他们在居室内开辟了一个场所,将祖宗的名讳、官职等书写在牌位上,制作成神主牌,并时常焚香祭祀,祈求祖先保佑。他们认为,已故祖先的灵魂就附在神位上,观察着后世子孙的一言一行,默默地守护着子孙后代。

到了宋代,由于庶族地主势力的扩大,在张载、程颐、朱熹等理学家大力提倡下,促使统治者在祭祖礼制方面放宽了限制,祭祖之宗庙——祠堂开始在民间出现。宋元时期,一些较早南迁到赣南、人口繁衍已较多的客家宗族建立起了本族的祠堂。据林晓平教授研究,兴国枫边的夏氏、赣县湖边的谢

---

① 〔清〕刘长景修,〔清〕陈良栋纂. 同治会昌县志:卷十一[M]. 刻本. 1872(同治十一年).
② 〔清〕章振萼. 康熙上犹县志:卷五·风俗附[M]//日本藏中国罕见地方志丛刊. 北京:书目文献出版社,1990:334.

氏、宁都黄石的郭氏等族均在此时创建了祠堂。祠堂,成为赣南客家人宗族制度建立的标志,是客家人崇祖敬宗、敦宗睦族的重要场所。

事实上,宋元时期所建立的祠堂数量还不多,由于受到统治者的严密管制,民间还不敢大规模兴建祠堂。到了嘉靖十五年(1536),随着"推恩令"的颁布实施,允许民间普通百姓建祠堂祭祀祖先,民间各姓氏的祠堂才如雨后春笋一般大量涌现,有总祠、支祠和众厅等各种名目。后文会专门讨论这一问题,兹不赘言。

为了增加宗族的认同感,不忘祖先的恩德,在祠堂悬挂"某某祠堂"的匾额,也就在这一时期应运而生。此外,还在祠堂悬挂一方堂匾,或昭示家族渊源,如黄姓的"江夏堂",昭示了黄姓的发祥地是古代的江夏郡,陈、钟、赖、邬、庾等姓的"颍川堂",以上几姓均望出颍川郡;或反映名人先贤事迹,如王姓的"三槐世德"叙述了这样的故事:宋朝时王祐曾在庭院中植槐三棵,预言子孙必然显贵,次子王旦果于太平兴国五年(980)考中进士,后出任宰相;或显示先贤高尚品格,如曾姓的"三省堂",取自于《论语·学而》中曾子所说的一句话:"吾日三省吾身,为人谋而不忠乎? 与朋友交而不信乎? 传不习乎?"以此垂诫后人要像曾子那样严格要求自己;或显扬祖上的功业、勋绩,如郭姓的"汾阳堂",讲述的是唐代郭子仪因平"安史之乱",屡立战功,出将入相20余年,后被封为"汾阳王"的故事;或显示门风纯朴、吉祥、兴盛,如"承志堂""务本堂""孝思堂""孝义堂""世耕堂""笃信堂""敦伦堂""克勤堂",等等。

客家先民进入赣南后,堂匾成为联宗睦族的重要载体,最终,以启迪后人、激励先进为内核的赣南客家匾额习俗在赣南民间逐渐形成,并成熟起来,成为赣南一大民俗文化。

第二章　赣南客家匾额习俗的形成和发展

第一节　形成与发展期:"大礼议"与民间祠堂的兴建

祠堂,是指祭祀家族祖先的地方,是由同一个祖先所生、自成系统的血缘亲属集团与地缘组织统一而成的宗族组织,在居室外独立建造的祭祖、尊贤、求神的场所。关于祠堂的起源,历来众说纷纭,据林晓平教授研究,宋元时期,一些较早南迁到赣南,人口繁衍已较多的客家宗族建立起了本族的祠堂,兴国枫边的夏氏、赣县湖边的谢氏、宁都黄石的郭氏等族均在此时期创建了祠堂。

追远报本、祠祀为大。事实上,且不说建设祠堂需要大量的人力物力,人口没有达到一定规模的宗族无力兴建,即使有这个人力物力去兴建,官方对此有很严格的规定,普通百姓也不能僭越。一般规定:天子七庙、诸侯五庙、大夫三庙、士一庙。按《礼记》规定,只有帝王、诸侯、大夫才能自设宗庙祭祖,普通老百姓是不能随便建庙立祠的,即通常所称"庶人无庙,四时祭于寝",他们只能在自己的居室内开辟一个隐蔽的场所祭祀祖先。

《大明集礼》卷六《吉礼六·宗庙》有"品官家庙""家庙图""祠堂制度"

诸条,这是明朝最早的祠庙祭祖规定。其中《品官家庙》写道:

> 先儒朱子约前代之礼,创祠堂之制,为四龛以奉四世之主,并以四
> 仲月祭之,其冬至、立春、季秋、忌日之祭,则又不与乎四仲之内,至今士
> 大夫之家遵以为常。凡品官之家立祠堂于正寝之东,为屋三间,外为中
> 门,中门为两阶,皆三级,东曰阼阶,西曰西阶,阶下随地广狭以屋覆之,
> 令可容家众叙立。又为遗书衣物祭器库及神厨于其东,缭以外垣,别为
> 外门,常加扃闭。祠堂之内,以近北一架为四龛,每龛内置一桌。高祖
> 居西第一龛,高祖妣次之;曾祖居第二龛,曾祖妣次之;祖居第三龛,祖
> 妣次之;考居第四龛,妣次之。神主皆藏于椟,置于桌上,南向。龛外各
> 垂小帘,帘外设香桌于堂中。置香炉香合于其上。旁亲之无后者,以其
> 班祔设主椟,皆西向。
>
> 庶人无祠堂,惟以二代神主置于居室之中间,或以他室奉之,其主
> 式与品官同而无椟。
>
> 国朝品官庙制未定,于是权仿朱子祠堂之制,奉高曾祖祢四世之
> 主,亦以四仲之月祭之,又加腊日、忌日之祭,与夫岁时俗节之荐享。至
> 若庶人得奉其祖父母、父母之祀,已有著令,而其时享于寝之礼,大概略
> 同于品官焉。①

这是明初对祭祖制度的官方概述,基本上按照朱熹所撰《家礼》中的祠
堂之制,在祠堂的限制上有所放松,"权仿朱子祠堂之制",定下"品官祭四代
祖"而"庶民祭两代祖"的规矩。这种规定,仍不允许民间普通百姓兴建
祠堂。

嘉靖年间,发生了"大礼议"事件。明世宗登基不久便与杨廷和、毛澄为
首的明武宗旧臣们之间,开展了一场关于以谁为世宗皇考(即宗法意义上的
父考)以及世宗生父尊号问题的争议和斗争。"大礼议"的核心是明世宗能

---

① 〔明〕徐一夔,梁寅,等.大明集礼[M].内府刻本.1530(嘉靖九年).

否改换父母的重大争论,即对明武宗遗诏如何诠释的问题。以内阁首辅杨廷和为首的朝中大臣,援引汉朝定陶恭王刘康(汉哀帝生父)和宋朝濮安懿王赵允让(宋英宗生父)先例,认为明世宗既然是由小宗入继大宗,就应该尊奉正统,要以明孝宗为皇考,其生父兴献王改称"皇叔考兴献大王",其生母王妃蒋氏为"皇叔母兴国大妃",祭祀时对其亲生父母自称"侄皇帝"。当时新科进士张璁上疏责廷臣之非,认为明世宗即位是继承皇统,而非继承皇嗣,即所谓"继统不继嗣",皇统不一定非得父子相继,而且汉定陶王、宋濮王都是预先立为太子,养在宫中,实际上已经是过继给汉成帝和宋仁宗,"其为人后之义甚明"。而明世宗则不然。因此,张璁建议明世宗仍以生父为考,在北京别立兴献王庙。最终,张璁以明武宗遗诏为利器,打破了杨廷和一手操纵的廷议,并通过合理解读明武宗遗诏的文本逻辑和内容,维护了明世宗与兴献王的父子关系,挫败了杨廷和及其依附者不顾明世宗继位的实情,而强迫明世宗依照汉宋旧例改换父母的图谋,确保了明代法律的尊严和政治的秩序。

这原本仅是皇室内部宗庙制度的争议,却因为夏言的奏疏实行"推恩令",而直接推动了民间祭祖制度的改革。嘉靖十五年(1536),礼部尚书夏言上了《请定功臣配享及令臣民得祭始祖立家庙疏》的奏议:"臣仰惟九庙告成,祀典明备,皇上尊祖敬宗之心,奉先思孝之实,可谓曲尽。而上下二千年间百王所不克行之典,我皇上一旦兴行……斯礼也,自当著为一代全经,以告万世……惟是本朝功臣配享,在太祖、太宗庙各有其人,自仁宗以下五庙皆无,似为缺典。至于臣民不得祭其始祖、先祖,而庙制亦未有定则,天下之为孝子慈孙者,尚有未尽申之情。臣忝礼官,躬逢圣人在天子之位,又属当庙成,谨上三议,渎尘圣览,倘蒙采择,伏乞播之诏书,施行天下万世,不胜幸甚。"[①]并提出"定功臣配享""讫诏天下臣民冬至日得祭始祖""讫诏天下臣民建立家庙"等三条建议,要在嘉靖皇帝"九庙告成"之际,请求臣民"得祭始祖",而不仅仅是两代或三代。

---

① 〔明〕夏言.桂洲先生奏议:卷一七[M].影印本.济南:齐鲁书社,1997.

"大礼议"所争的,就是帝位的"继统"问题。明世宗要破例追封其亡父的帝王谥号,以此来表示自己是以嫡子的身份继承大统的。这是新皇帝本人出于自己的立场对旧礼制的一次反抗,最终却带动了民间礼制的改革。得到嘉靖皇帝的"上是之""下从之",在政策上对民间建祠立庙的鼓励,祠堂在民间得到迅速的发展。于是,民间百姓不能建祠堂的禁锢被打破,祠堂如雨后春笋般涌现了出来。祠堂也因此成为一姓的象征。乾隆《会昌县志》对会昌各姓氏在城乡建设的祠堂进行了一个系统的梳理,兹录如下:

萧氏宗祠,在南门外社坛脑。李氏宗祠,在水东。文氏宗祠,一在西城文家塘北,一在水东。郭氏宗祠,在长赖。谢氏宗祠,在洋口。李氏宗祠,在排栅巷。王氏宗祠,在白鹅。刘氏宗祠,在蚕口。刘氏宗祠,在富尾。沈氏宗祠,在南门社坛下。邹氏宗祠二,一在麻洲,一在西门内。周氏宗祠,在承乡。罗氏宗祠,在罗坊。欧氏宗祠三,俱在水东。刘氏宗祠,在县治南街之左。胡氏宗祠六,总祠一,支祠五,俱在庄埠。钟氏宗祠五,总祠一,支祠四,俱在水头。赖氏宗祠,在青云路右。刘氏宗祠,在南门内高山脑。刘氏宗祠,在排栅巷。吴氏宗祠二,总祠在县治五板桥横街,支祠在小沙。谢氏祠堂,在南门外上街。曾氏宗祠,在南城内大街东。胡氏宗祠,在丽泽门内北巷。谢氏祠堂,在水东。刘氏祠堂,一在小田,一在上坝。张氏宗祠,在湘乡半岗。何氏宗祠,在湘乡白埠。周氏宗祠,在羊角水。汪氏宗祠,在湘乡下营。王氏宗祠,在湘乡上营。邓氏宗祠,在湘乡松林。温氏宗祠,在丹坑。王氏宗祠,在承乡。谢氏宗祠,在高排。赖氏宗祠,在富尾。金氏宗祠,在富尾。陈氏宗祠,在横石前。文氏宗祠,在长教。郑氏宗祠,在湘乡洋口。马氏宗祠,在湘乡。谢氏宗祠,在湘乡中桂。胡氏宗祠,在庄埠。刘氏宗祠,在湘乡鹧鸪排。萧氏宗祠,在龙化。赖氏宗祠,在龙化。郭氏宗祠,在龙化。唐氏宗祠,一庄埠,一承乡。钟氏宗祠,在好水陂。刘氏宗祠,在小照。刘氏宗祠,在晓村。赖氏宗祠,在湘乡宗田。吴氏宗祠六,总祠在西城德星间内,支祠一在德星间右,一在沙河东文溪,一在湘乡霞族,一

在湘乡鸦鹊坝,一在湘乡半溪。程氏宗祠,在上保。饶氏宗祠,在湘乡。①

　　从上述所列祠堂来看,会昌可谓祠堂林立,遍布城乡。祠堂的主要功能是祭祀,通过祭祀,又起到了敦宗睦族、凝聚力量的作用。作为一个公共资源,祠堂还是宗亲间议事和婚丧嫁娶的重要场所。祠堂的作用被不断放大,在血缘宗法的维系下,宗族社会也因此越来越稳固。

　　而祠堂的大量兴建,在一定程度上又促进了匾额习俗的形成和发展,因为作为一种神圣的建筑物,祠堂同样需要匾额来标识。赣南作为客家人重要的聚居地,在这一时期,视建房屋为事业的客家人,祠堂的兴建,无疑成为宗族最重要的大事业,赣南客家匾额习俗,正是在这样的历史背景下形成发展起来的。

　　赣南客家匾额习俗由单一的起标识建筑物的作用,演变为以表彰先进、激励后人为手段,催人奋进,启迪后人的传统习俗,经历了十分漫长的过程。首先是在材质的使用上发生变化,由原来以石质为主,转变为以更容易获取的木质为主。这与匾额悬挂方式的变化是不可分割的。早期起标识作用的匾额,大多外嵌于建筑物外的屋檐下,石质材料能够满足其需求。而当匾额作为悬挂物,悬挂于建筑物内的椽子上时,石质材料过于笨重,不便于悬挂,而更加轻便的木质匾额渐渐取代了石质匾额,并占据了主要地位。在装饰上,石质匾额一般装饰简单,木质匾额由于材料松软,可以雕刻更加精美的装饰图案,和上各种精美的底漆,各种吉祥图案也由此运用于匾额上,木质匾额的装饰变得更加繁复、精致。在形制上,也由粗犷,演变为精细,有更高的要求,需符合鲁班尺的吉利尺寸要求,否则不吉利。最终,匾额由官方作为标识作用的建筑附属物,演变为民间以表彰先进、激励后人为手段,催人奋进,启迪后人的传统习俗。

---

　　① 〔清〕戴体仁修,〔清〕吴湘皋纂,曾敏点注. 乾隆会昌县志[M]. 会昌县地方志办公室,2017:103－104.

第二节　鼎盛期：由标识到激励，由官方到民间

至明代，统治者更加注重在赣南推行保甲制度和教化力度，正德十一年（1516）九月，王守仁升任都察院左佥都御史巡抚南、赣、汀、漳等处。到任后，他推行"十牌家法"，继后颁布《南赣乡约》，"同约中推年高有德、为众所敬服者一人为约长，二人为约副……"①紧接着，明政府自嘉靖八年（1529）开始，面对全国，由国家策动了历经嘉靖、隆庆、万历三朝的乡约教化运动。②赣南客家宗族祠堂的兴建进入一个高潮时期。自从"嘉靖十九年（1540）以来，南方各地宗祠迅速倍增，如江西在一百年间各州同一族姓总祠共有八十九处，各州的分祠也快速地增加到了有八千九百九十四处之多"③。赣南一带更是"巨家寒族，莫不有宗祠，以祀其先，旷不举者，则人以匪类摈之"。据调查，当时达到一百男丁的宗族，只要经济条件不是太差的话，一般都建立起了本宗族的"祠堂"。这样的"祠堂"，还不算严格意义上的祠堂，一般俗称众厅，在规格、规模上，都小于祠堂。明代后期及有清一代，客家宗族祠堂的兴建，在赣南仍呈旺势，有不少宗族除建立起了宗祠之外，又兴建了各房的房祠，即分祠和支祠。祠堂愈来愈多，规模也愈建愈大。

与此同时，匾额从堂匾这一单一类型向多元化转变，在明中期运用已相当普遍且非常盛行，形制也已经十分完备，从官府门第到斋堂雅号，从旌表贺颂到修身立志，匾额已经渗透人们生活的方方面面，作为道德规范的承载者被运用到社会各个阶层当中。

此外，到了清代，在承袭明代旌表制度的基础上，加大了对平民百姓的

---

① 王守仁. 王阳明全集（上册）[M]. 上海：上海古籍出版社，1992：600.
② 陈支平，郭志超，等. 闽南宗族社会[M]. 福州：福建人民出版社，2008：9－12.
③ 陈有志. 从"安居"看客家传统民居的意义与全球化的关联[J]. 客家研究辑刊，2004（2）：42.

旌表,尤其是节妇和烈女的旌表,《大清会典事例》载:"(顺治五年)孝子顺孙,义夫节妇,自元年以后,曾经具奏者,仍行巡按,再为核实,造册报部,具题旌表。"①并规定"各直省孝子顺孙、义夫节妇,各该督抚于每年十二月照例核实具奏,礼部复核分别给予旌表"。② 清初的旌表制度,由此可见一斑。在旌表的各种方式中,匾额是一种比较常用且广受欢迎的形式,列入国家制度之中。《钦定礼部则例·卷四十五·仪制清吏司》:"旌表孝义贞节——妇人循分守节,合年例者,给钦定'清标彤管'四字匾额嘉奖。"③就是这种制度最直接的表述。汤斌在《褒举异节乞请旌表以励风化事》一文中道:"据该县申,已故监生党廷彦妻张氏截发菇茶,熊丸训子,帘邃冰清,始终无替,亟请旌表缘由到道。除批行西安府确查具结,以凭转报外,合先给匾优奖。为此,仰县官吏即置木匾一面,务要坚阔精致,上书'节比松筠'四字,用颜、柳字体,前列本道衔名,迎送本妇门首悬挂。事完开价报道发补,勿误。"④对运用匾额旌表作出了具体的要求。由此可见,到了清代,已将匾额的表彰、激励功能运用到极致。匾额用于旌表,弘扬孝道,树立榜样,激励先进,被封建统治者及历代官绅所重视,而在民间也广泛使用,成为一种重要的交际手段。在明清时期,随着官方旌表名额的增多和民间的大力推动,赣南客家匾额习俗在明清时期尤其是清代达到了鼎盛,成为妇孺皆知的民俗文化。

第三节　衰落与复兴期:"非遗后"时代的保护与弘扬

　　一般认为,清政府"闭关锁国"政策始于雍正元年(1723),并把清朝逐渐

---

① 〔清〕崑冈等修,〔清〕刘启端等纂.钦定大清会典事例:卷四二三[M].上海:上海古籍出版社,1995:804.

② 〔清〕崑冈等修,〔清〕刘启端等纂.钦定大清会典事例:卷四二三[M].上海:上海古籍出版社,1995:809。

③ 故宫博物院.钦定礼部则例二种[M]//故宫珍本丛刊.海口:海南出版社,2000:221.

④ 〔清〕汤斌.汤斌集[M].范志亭,范哲辑,点读.郑州:中州古籍出版社,2003:389-390.

衰落的原因归结于"闭关锁国"。此种观点是否正确值得商榷,非本书所要探讨的问题。这一政策的长期推行,阻碍了中外之间的联系,致使中国与世界隔绝,影响了中国吸收先进文化和科学技术,尤其是吸收西方工业革命最新成果,使得中国和世界脱轨,慢慢地落后于世界。中国最终不能幸免沦为被西方列强宰割的命运。

民国以来,军阀连年混战,严重威胁着百姓的生命财产安全。同时,由于近代以来战祸不断,祠堂等公共建筑也遭到不同程度的毁坏。在文化方面,五四运动以来,西方文化大量涌入,传统文化受到很大的冲击。赣南客家匾额习俗,在这一时期,逐渐由鼎盛转向衰落,民间升匾活动恒不多见。

新中国成立以来,赣南地区各姓氏宗祠大多数被收归国有成为国有资产。或拆建为机关、学校,或改建为仓库、车间,或修整做居民住房。赣南客家匾额习俗经历了一段时间的沉寂期。此时,大部分祠堂或被摧毁,或被拆除,夷为平地,祠堂上所挂的匾额,或用于做猪栏、牛棚、厕所门板,或用作床板,或用于围菜园,这给传统文化带来毁灭性破坏,直接破坏了赣南客家匾额习俗得以生存的土壤,民间升匾活动几乎绝迹。

改革开放以来,传统文化得以复苏,过去被毁坏、被拆除的祠堂,开始逐步得到修缮、兴建,赣南客家匾额习俗得以恢复发展。进入新世纪以来,尤其是党的十八大以来,党和国家领导人十分重视传统文化的挖掘和弘扬,2004 年 4 月 8 日,文化部、财政部下发了《关于实施中国民族民间文化保护工程的通知》,进一步加强民族民间文化保护工作,继承和弘扬中华优秀传统文化。2017 年 1 月 25 日,中共中央办公厅、国务院办公厅印发了《关于实施中华优秀传统文化传承发展工程的意见》,坚守中华文化立场、传承中华文化基因,不忘本来、吸收外来、面向未来,汲取中国智慧、弘扬中国精神、传播中国价值,不断增强中华优秀传统文化的生命力和影响力,创造中华文化新辉煌。2022 年 12 月,习近平总书记对非物质文化遗产保护工作作出重要指示,强调要扎实做好非物质文化遗产的系统性保护,更好满足人民日益增长的精神文化需求,推进文化自信自强。要推动中华优秀传统文化创造性转化、创新性发展,不断增强中华民族凝聚力和中华文化影响力,深化文明

交流互鉴,讲好中华优秀传统文化故事,推动中华文化更好地走向世界。

在此背景下,2014年,赣南客家匾额习俗被列入第四批国家级非物质遗产项目名录。会昌作为该习俗的申报地,对进一步弘扬以赣南客家匾额习俗为代表的优秀传统文化,进行了一些探索,出台了《会昌县匾额习俗(赣南客家匾额习俗)民间活态传承实施办法》,加大扶持民间各宗祠游匾、升匾活动,以奖代补,鼓励民间活态传承该习俗。据不完全统计,全县每年有20多场次的升匾活动,赣南客家匾额习俗重新焕发生机,在培育和践行社会主义核心价值观中日益发挥着重要作用。

第三章　匾额的规制

第一节　匾额的类型

如果从汉高祖六年（前201）萧何所题"苍龙""白虎"二阙的匾额算起，匾额在我国有2000多年的历史。在这2000多年的历史长河中，涌现了形制不一、材质迥异的各种匾额。形形色色的匾额，构成了内涵丰富、博大精深的匾额文化。因此，若要细分各种类型的匾额，已十分复杂。苏显双的博士论文《匾额书法文化研究》对匾额的分类极其详细，可作参考。他根据不同的分类依据，把匾额分成以下几种：按匾额的外形装饰，可分为有框匾和无框匾；按匾额文字的雕刻工艺，可分阳刻匾和阴刻匾；按具体功用，又可分为堂号匾、字号匾、牌坊匾、祝寿喜庆匾、文人题字匾等；按文字布局，可分为横匾和竖匾两种；按匾额的材质来划分，可分为木质匾额、石质匾额及金属质匾额等。按匾额的制作工艺来划分，可分为斗子匾、雕龙匾、花边匾、平面匾、奇形匾、碑文匾及虚白匾等等。① 当然，这在现实生活中，我们可能不会

---

① 苏显双.匾额书法文化研究[D].长春:吉林大学,2017.

分得那么详细,也很难见全上述所列的各种匾额。

本书结合会昌县百匾堂所收藏的匾额及赣南地区匾额的特点,根据质地、样式和功能,分成若干类型。

1. 以质地为依据

质地是每件器物所拥有最直接、最自然的属性,而根据质地分类,也是最基本、最初步的分类方式。匾额的质地随着时代的进步和科学技术的发展,越来越多样,然而有两种质地的匾额始终占据主导地位,因此在质地的分类上,也以石质匾额和木质匾额这两大类为主。石质匾额,主要镶嵌于砖石建筑物的墙体或墩台上,具有一定的固定性,但由于风吹日晒,容易受到破坏;木质匾额,主要悬挂在木构建筑外檐、内檐或室内,具有一定的活动性,这也就为赣南客家匾额习俗的形成发展奠定了基础。

在匾额发展的历史中,早期以石质匾额为主,这主要与匾额在早期较为单一的标识建筑物名称的功能有关,且当时能够有资格以匾额标识名称的建筑,大多是宫殿庙宇等大型的官方建筑物。石质匾额在后期的运用,除了标识建筑之外,还发挥着表赞的作用,比如牌坊上一般都会有一方石匾。随着匾额的发展,其越来越多样的功能逐渐被用到人们生活的各个领域,而它的制作材料也开始以容易获取、方便制作和更加轻便的木质为主了。但木质匾额容易受到风化、腐蚀,不易保存,需要对材料进行一定的防腐处理。

此外,随着匾额习俗的发展,另外一种质地的匾额也逐渐流行开来,这种匾额不同于石质匾额和木质匾额,而是直接书写在大门之上、屋檐之下的空白处,文字上则或以家规家训为主,或以祖先名人故事为主,以示继承祖先遗风,发扬光大,如田姓的"紫荆传芳",王姓的"太原传家",形成了一种独特的人文风景。

2. 以样式为依据

匾额的样式,主要是指其形状和外观,从最直观、最一目了然的角度对匾额进行分类。进行细分的话,可以分为基本样式和衍生样式两大类。

（1）基本样式

木质匾额,根据其悬挂方式的不同,又可分为横匾和竖匾。事实上,早期的匾额多为竖匾,呈竖长方形,也有近于正方形的。中晚期后的匾额主要为横匾,基本上是横长方形。这一变化,与中国古代建筑独特的构件——"斗拱"的变化息息相关。斗拱,位于房檐之下,方形木块叫斗,弓形木块叫拱,斜置长木叫昂,总称斗拱。斗拱最初用以承托梁头、枋头,还用于外檐支承出檐的重量,具有实实在在的作用。而后期则逐渐由承力构件转换成装饰构件,其装饰作用更加明显。因此在唐宋以前,斗拱的结构非常雄大,在整个建筑物的高度中所占的比例很大,而元、明、清以后,斗拱的排列组合趋于小且密集,即柱顶到房檐之间的高度越来越小,屋檐的剩余空间越来越窄。

由于匾额大都位于建筑物房檐之下,所以到了元明时期,横匾更加适合建筑本身的空间需求。而且清代匾额上的文字有逐渐增多的趋势,尤其是清末出现了大量书写长篇序跋的匾额,这样竖匾因为尺寸所限,就更显不适了。因此,此类匾额主要悬挂于祠堂内。

当然,后期也不都是横匾,雄伟庄重的宫殿庙宇多是采用竖匾的形式,以配合建筑的气势和高度,如北京故宫等。所以,横、竖的应用,还要依建筑物屋檐的空间而定。另外,横匾和竖匾也可根据边框的工艺不同,再做进一步的细分,这里就不做赘述。

匾额的形制和式样较多,其中木制悬挂的就有横式和竖式两种。横式又有带边框与不带边框之分,匾面刻字油漆或塑字油漆。

①竖形匾

竖形匾主要是"斗子匾",即宋代的"华带牌",因其装饰庄重、华丽,清代宫殿庙宇建筑多用这种式样。清代李斗在《扬州画舫录·卷十七·工段营造录》中对斗子匾有这样的描述:"匾有龙头、素线二种,四围边抹,中嵌心字板,边抹雕做三采过桥,流云拱身宋龙,深以三寸为止,谓之龙匾;素线者为斗子匾。龙匾供奉御书,其各园斗子匾,则概系以亭、台、斋、阁之名。"[①]"斗子匾"也称斗形匾(也有人称为陡匾),因其平放时,形状如同称粮食用的衡

---

① 〔清〕李斗. 扬州画舫录[M].周光培,点校.扬州:广陵古籍刻印社,1984:397.

器"斗",故名。

斗的底部为匾心,四帮为匾边,匾边是弯曲、对称上有纹线的边口。斗子匾的色彩,大多匾心为青色,斗形四边的里口为银朱红色,匾边的装饰线为金线。匾心中的字多为铜胎金字或鎏金或贴金。斗子匾具有庄重大方、古朴典雅的风格,作为皇家宫殿、宫门、寺庙、城楼、祀坛等大型建筑物外檐题名的主要匾额,流传较广。

②长方形横匾

长方形横匾,是匾额的主要样式,主要包括木边框木匾和"一块玉"式(即素面无边框木匾)。清代宫廷园林用匾多为硬木边,有紫檀、花梨和楠木等,油饰大漆,保存原色。也有用雕龙彩漆泥金花边框的。匾心多为黄柏木,多油饰黑、白、青等色,极少用红、紫之类底色。字体多阳文,有铜镀金字、铜字、木胎泥金字、煤渣字、石青石绿字、松花石字、彩漆地金字。用壁子架的绢绞匾多为御书墨字,绢有黄绢、粉红绢、粉绢等,绢边多用黄绞、蓝绞边托裱,或在外边再加红片金双灯草小线等。

牌坊类匾额多属长方形横匾,它们大都以建筑的构件出现,设置在牌坊中央门额之上,刻字为牌坊的匾额。有的牌坊在顶楼中央还竖立有"圣旨""敕封"等字牌,以昭示皇上的恩赐。如宁都县郎际节孝坊,匾刻"旌表儒童萧行三之妻黄氏坊"上悬"圣旨"牌。木牌坊的匾额也有采取悬挂式的。如宁都县岭背乡水头"步蝉坊"三字的牌匾就悬挂在坊上。

此外,廊桥两端有桥门屋或牌坊门的也有匾额,如安远县江头乡永镇桥。

（2）衍生样式

随着匾额功能的多样化和运用的普及性,人们对它与建筑、景物相搭配的要求愈来愈高,因此匾额形式也就越来越多样。在清代李渔的《闲情偶寄·居室部·联匾第四》中,关于匾的形状就有明确的记载:

手卷额:额身用板,地用白粉,字用石青石绿,或用炭灰代墨,无一不可。与寻常匾式无异,止增圆木二条,缀于额之两旁,若轴心然。左画锦纹,以像装潢之色;右则不宜太工,但像托画之纸色而已。天然图卷,绝无穿凿之痕,制度之善,庸有过于此者乎?眼前景,手头物,千古无人计及,殊可怪也。

册页匾:用方板四块,尺寸相同,其后以木绾之。断而使续,势取乎曲,然勿太曲。边画锦纹,亦像装潢之色。止用笔画,勿用刀镂,镂者粗略,反不似笔墨精工;且和油入漆,着色为难,不若画色之可深可浅,随取随得也。字则必用剞劂。各有所宜,混施不可。

虚白匾:"虚室生白",古语也。且无事不妙于虚,实则板矣。用薄板之坚者,贴字于上,镂而空之,若制糖食果馅之木印。务使二面相通,纤毫无障。其无字处,坚以灰布,漆以退光。俟既成后,贴洁白绵纸一层于字后。木则黑而无泽,字则白而有光,既取玲珑,又类墨刻,有匾之名,去其迹矣。但此匾不宜混用,择房舍之内暗外明者置之。若屋后有光,则先穴通其屋,以之向外,不则置于入门之处,使正面向内。从来屋高门矮,必增横板一块于门之上。以此代板,谁曰不佳?

石光匾:即"虚白"一种,同实而异名。用于磊石成山之地,择山石偶断处,以此续之。亦用薄板一块,镂字既成,用漆涂染,与山同色,勿使稍异。其字旁凡有隙地,即以小石补之,黏以生漆,勿使见板。至板之四围,亦用石补,与山石合成一片,无使有襞襀之痕,竟似石上留题,为后人凿穿以存其迹者。字后若无障碍,则使通天,不则亦贴绵纸,取光明而塞障碍。

秋叶匾:御沟题红,千古佳事;取以制匾,亦觉有情。但制红叶与制绿蕉有异:蕉叶可大,红叶宜小;匾取其横,联妙在直。是亦不可不知也。①

李渔不仅详细地记载了匾额的形状、制作方式,甚至将每种匾额的优缺点或者题写、应用时的注意事项都一一道来,给我们提供了翔实的文献

---

① 〔清〕李渔. 闲情偶寄[M].江巨荣,卢寿荣,校注.上海:上海古籍出版社,2000:211-220.

资料。

从赣南现存的匾额来看,李渔的《闲情偶寄·居室部·联匾第四》记载中的册页匾、秋叶匾两种匾额并不常见,赣南师范大学美术学院的客家文化展示馆和会昌百匾堂所收藏的匾额,均没有看到册页匾、秋叶匾的身影。手卷额的样式,因其样式与客家人的崇文重教的精神特质十分契合,因此受到民间的欢迎,在会昌百匾堂以及赣南民间匾额收藏家所收藏的匾额中,往往可以看到。

3. 以功能为依据

所谓匾额的功能,即是它发挥的作用,这一方面是指它适应怎样的社会需求所产生,另一方面则是它的运用在社会生活中产生了怎样的影响。匾文内容是表现其功能最直接的方式,而挂匾的场合则间接体现了它的作用。会昌是国家级非物质文化遗产项目赣南客家匾额习俗的申报地,笔者参与了申报工作,在申报书上,依据匾额的功能,将匾额划分为堂匾、功德(功名)匾和寿匾三大类,而邹敏、宋瑞森《百匾大观——会昌百匾堂百匾考释》一书,又分为善德名望匾、科举功名匾、慈贤节孝匾、祠堂宅第匾、寿辰祝福匾等五大类。结合现存匾额的实际情况和相关文献材料,依据匾额的主要功能,可将其分为园林建筑匾、表赞贺颂匾、商铺招牌匾等三个大类。

(1)园林建筑匾

这类匾额主要用于标识建筑物和景物的名称,是匾额最早、最基本的功能,较为常见的类型有官府门第、园林名胜、祠庙观宇、堂室书斋、关隘城堡等。我国风景名胜、园林古迹的匾额,使山岳生色,河川增辉。这在苏州园林和故宫等为代表的园林宫殿名胜中,有十分生动的体现。在古典名著《红楼梦》第十七回"大观园试才题对额 荣国府归省庆元宵"中,就描绘了题匾趣事。曹雪芹借贾政之口,对匾额进行了一番评说,他说:"偌大景致,若干亭榭,无字标题,任是花柳山水,也断不能生色。"此话道出了匾额具有美化景点的不可忽视的作用。

这类匾额在文字上讲究应用文辞优美的辞藻,或寓意祥瑞,或规诫自勉,给人以耳目一新的感觉。如颐和园中的"乐寿堂",就是取"智者乐,仁者寿",不但暗示此乃"智者仁者之堂","乐寿"二字也是寓意吉祥,符合此间主人祈求祥乐长寿之愿望。

而在赣南,园林并不多见,建筑物上悬挂匾额的,基本上以祠堂、庙宇为主。祠堂匾十分常见,一般有悬挂于祠堂屋檐下作为标识作用的"某某祠堂"匾,以及祠堂内神位上方的"某某堂"的匾额,还有一些祠堂有"进士"匾及现在兴起的"博士"匾、"硕士"匾等。此外,现在有些祠堂热衷于悬挂功德匾,凡是建设祠堂、修撰族谱捐献了一定财物的,大多在祠堂两侧挂一方"奉献积德"的匾。如有些祠堂内两侧挂满了一模一样的匾,实在大煞风景,令人望而生厌。前文已对堂匾有详细介绍,兹不赘言。庙宇在赣南十分多,各村都有大大小小的庙宇,庙宇外面的屋檐下,一般悬挂一方"某某祠""某某庙"的匾额;庙宇里面则有信众捐献的匾,如"显应十方""有求必应"等等。

(2)表赞贺颂匾

这类匾额多用以歌颂、称赞、旌表、庆贺,通过赠送、恩赐的方式给予受匾者。在馈赠的过程中,匾额往往起到协调人际关系,维护伦理道德,维护社会和谐稳定的作用。这类匾额也是用途最广、保存较多的类型之一,包括祝寿匾、荣升匾、功名匾、功德匾等。绪论中提到,匾额这一功能是在历史的发展过程中逐步形成的,清代是将该功能运用到极致的时期。《钦定礼部则例·卷四十五·仪制清吏司》:"旌表孝义贞节——妇人循分守节,合年例者,给钦定'清标彤管'四字匾额嘉奖。"① 匾额用于旌表,弘扬孝道,树立榜样,激励先进,一直被封建统治者及历代官绅所重视,在清代时已列入国家制度之中,而在民间也广泛使用,成为一种重要的交际手段。如地方志中也有很多关于旌表匾额的记载,如乾隆《会昌县志·人物》:"赖方勃……次子纬邺,以廪生由例贡铨授抚州金溪县训导。在任常分俸以给诸生之贫者,诸生骏学行最优而极贫,凡岁科试皆纬邺资之以行,得举优获隽,学使赵大鲸因给匾奖之,以励其余。"② 官方所大力提倡的孝义贞节也已经影响到民风民

① 故宫博物院.钦定礼部则例二种[M]//故宫珍本丛刊.海口:海南出版社,2000:221.
② 〔清〕戴体仁修,〔清〕吴湘皋纂,曾敏皋点注.乾隆会昌县志.会昌县地方志办公室,2017.

俗,比如祝寿匾,往往通过表彰寿者的忠孝节义而使其本人更有一种荣耀之感。在会昌县百匾堂所收藏的匾额中,功德匾和寿匾十分多,体现出以匾额作为表彰义行善举的形式已普遍用于民间。

在文字上,此类匾额也有一定的成式,多用比喻的手法,男性一般用"松""椿"等字,而女性则一般用"萱""桂"等字。如在会昌百匾堂,我们常常能够看到这样一些匾额,如给女性祝寿的匾额,一般书写"慈节双美""坤德偕贞""慈德流辉""松节桂枝"等来表彰其美好的德行,而对男性则多用"椿荣杖国""齿德兼隆""年高杖国"等。这种以赞扬寿者德行的匾额,在祝寿匾中占有很大的比重。因此,用匾额协调人际关系,为当世和后世树立行为典范,宣传伦理道德观念,是从官府到民间都喜用的一种方式。

(3)商铺招牌匾

牌匾广告在隋唐时期已出现,到了北宋,悬挂牌匾作为商用宣传成为一种新时尚。如在北宋名画《清明上河图》中描绘的"赵太丞家"医药铺,除了门首所悬挂的医药铺字号横匾外,尚有"太医出丸医肠胃药""治酒所伤真方集香丸""五劳七伤调理科""赵太丞家药药□□□□"等四块竖匾,使人们对该医药铺的特点一目了然。①

匾额通过商匾这一形式融入民间日常生活,这也成为匾额世俗化的一种标志。商铺匾额大多为长方形,悬挂于门窗之上,尺寸以门面大小而定,颜色大多为黑漆金字,也有黑漆绿字或红漆黑字的。而大商号或讲究的店铺也有将题字镌刻于木板上再贴金,显得格外醒目庄重,因此人们称之为"金字招牌"。

商匾因其是面向大众的招牌,因此在文字上用比较大众化的吉利字眼,用典应忌生僻,尤其要避免晦涩难懂,让人不知所云。在朱彭寿的《安乐康平室随笔》卷六中,将商铺常用的字作了总结,商号多喜欢用"顺裕兴隆瑞永昌,元亨万利复丰祥;泰和茂盛同乾德,谦吉公仁协鼎光。聚益中通全信义,久恒大美庆安康;新春正合生成广,润发洪源厚福长"等,所列举的 56 个字,

---

① 赵广超. 笔记《清明上河图》[M].北京:生活、读书、新知三联书店,2005:44 - 45.

对牌匾用字,确实囊括几尽了。商匾区区三四字,负载着厚重的民族商业思想,投射出传统的文化色彩,受到一代代儒商的追捧。

而在赣南,商匾似乎并不多见,这或许与勤劳智慧的赣南客家人多为行商有一定的关系。他们挑着担子,走街串巷,并无固定的经营场所,也自然无法悬挂商匾了。

第二节　匾额的形制

宋代李诫在《营造法式》一书中,对当时匾额的做法有较为详细的说明,其中说:

> 牌,造殿堂楼阁门亭等牌之制,长二尺至八尺。其牌首(牌上横出者)、牌带(牌两旁下垂者)、牌舌(牌面下两带之内横施者)每广一尺,即上边绰四寸向外。牌面每长一尺,则首带随其长外各加长四寸二分,舌加长四分(谓牌长五尺,即首长六尺一寸,带长七尺一寸,舌长四尺二寸之类尺寸不等,依此加减,下同)。其广厚皆取牌每尺之长,积而为法。牌面每长一尺,则广八寸,其下又加一分(令牌面下广与牌长五尺即上广四尺,下广四尺五分之类尺寸不等,依此加减,下同)。首广三寸,厚四分;带广二寸八分,厚同上;舌广二寸,厚同上。凡牌面之后四周皆用楅,其身内七尺以上者,用三楅。四尺以上者,用二楅。三尺以上者,用一楅。其楅之广厚,皆量其所宜而为之。①

由此可见,宋代匾额制作规范已相当完善。由以上尺寸可知,宋代牌额多为竖式,有"华带牌"和"风字牌"两种主要形式。竖式(俗称字牌)四周花

---

① 李诫.营造法式:卷八[M].北京:商务印书馆,1954:184-185.

边由牌帽、牌带和牌舌构成,与牌面成钝角,呈凹进状,在装饰上有两种形式,四角呈花簇状的称"华带牌"。牌带下垂飘卷的称"风字牌"。这和中国古代房檐结构的演变有关,早期匾额以竖匾为多,晚期则多为横式。唐、宋时期,斗拱在建筑的高度中所占比例较大,相当于房檐柱子的三四分之一高度,适合悬挂竖匾。元、明、清时期,斗拱逐渐缩小,柱顶到房檐之间的高度越来越低,因而适合悬挂横匾。

　　在赣南民间,但凡有所兴建,勤劳智慧的客家人必定趋利避害、逢凶化吉,匾额的制作也是如此,其形制需用鲁班尺量定。鲁班尺,全称"鲁班营造尺",亦作"鲁般尺",相传为春秋时期鲁国的公输班所作,后经风水界加入八个字,广泛用于丈量房宅、门窗、家具等的吉凶,并呼为"门公尺",又称"角尺",是木匠师傅必备的工具。鲁班尺全长 50.4 厘米,分为八格,依次为"财""病""离""义""官""劫""害""本",每格 6.3 厘米,各分为四小格,各标上不同的吉凶应语。赣南民间制匾,一般逢"财""义""官""本"为吉。

　　具体而言,过去民间制匾大多采用的形制为长约 198～201 厘米,宽约

64～66厘米。这符合鲁班尺的尺寸要求,被公认为是最好、最吉利的尺寸。当然,如果我们用鲁班尺去查验现存的一些匾额时,会发现有一小部分匾额并不符合鲁班尺的形制要求。这和民间制匾要求有关,有些并不富裕的人家,可能不会有太多的讲究。

第三节　匾额的款识

一块完整的匾额,上面至少应该包括匾文、款识等两方面内容。所谓匾文,即匾额上的正文部分,属于一方匾额的核心内容。所谓款识,主要是指匾额的上款、下款和印章。款识对匾额的解读和鉴定非常重要,是辨别题赠匾额缘由以及题匾人、受匾人、立匾人、挂匾时间的重要凭证。

(1)款识的形式

上下款的内容主要包括:题匾人、授匾人、受匾人、立匾人以及年月日等。根据匾额上下款内容的不同,将上下款的形式主要分为以下几种:

①上款为题匾人,下款为受匾人、年月日

一般来说,民间制匾会请朝廷重臣、当朝高官或者有一定社会地位的知名人士来题写,因此为了突出题匾人的社会地位,往往把题匾人放于上款,受匾人置于下款。这种款识,是在我们所整理的匾额中最为常见的一种。采用将题匾者放在上款的方式,多是因为题匾的人是比较有名望、地位的人,或是受匾者的长辈、上司等。如会昌百匾堂为赖泽霖所题的"文魁"匾,就是此种款识。

例匾1

匾文:文魁

上款:钦命大主考尚书房行走、太常寺卿军功加一级童凤三、文渊阁检阅内阁中书徐志晋　为

下款:中式第五十一名举人赖泽霖 立　嘉庆三年戊午岁仲冬月吉旦

"文魁"匾

此匾中,上款为题匾人童凤三、徐志晋两人及其主要官衔,"为"字是题匾人标志,下款赖泽霖便是此匾的受匾人。此时上下款可解读为"A 为 B 题写并立匾"。题匾人是本科江西乡试的正副主考官,官位显赫,所以在立款时自然将童凤三、徐志晋两位正副主考官及其官职尽刻于上款,此举不仅彰显题匾人的地位,亦是受匾人赖泽霖的荣耀。这种功名类的匾额,大多都是在某人得到功名或升迁、奖赏时别人所赠,其中就有作为上级所赠以表祝贺和勉励的。

这种将有功名声望的题匾人放于上款的做法,是非常普遍的。匾额通常能够达到宣扬荣耀之功能,因此自然多是请家族中或所结识的达官鸿儒所题,于是这种款识的方式便非常普遍,而将题匾人所任之官衔都一一刻在匾上似乎也渐渐约定俗成了。

有时,题匾人只负责题写匾额上的文字,而立匾人则另有其人。这种情况一般是想送匾之人往往是受匾者的晚辈或是没有什么名望的人,为了使匾额更有分量,所以请了有名望地位之人题写,然后再由立匾人制成匾额,送给受匾者。如会昌县百匾堂的"湘滨逸老"匾:

例匾 2

匾文:湘滨逸老

上款:恩进士例授修职郎、候选儒学教谕愚弟汝霖 为大耆善覃恩荣膺冠带顺发老史大人八十晋一荣寿

下款:男斯臣,孙…… 立 光绪十六年冬月谷旦

"湘滨逸老"匾

　　此匾的题匾人和受匾人同为上款,而立匾人为下款。出现这种情况,立匾人往往是受匾人的晚辈,为了表示对受匾人的尊敬或推崇,而如此行文。张顺发老人八十大寿,其子斯臣和孙子等人请了"恩进士例授修职郎、候选儒学教谕"的张汝霖,为其题写了这方匾额。张汝霖,字宗文,号雨三,会昌县周田大坑村人。清咸丰十年(1860)膺拔恩贡,其学识文章深得江西省学政单懋谦的赏识,并特为之题"博士"匾额以示褒奖。此外,张汝霖曾任会昌湘乡张氏宗族族长,同治年间曾参与编纂《会昌县志》,在会昌有一定的名望。据当地张姓后人说,张汝霖从小聪颖,饱读诗书。一次,一位来自广东梅县的进士在会昌湘乡与当地乡绅汪金华咏诗赏对,梅县进士先出上联:"东山林密,许多豺狼虎豹,牛公牛母尽皆低头伏地";汪金华一时无法对上,有些着急。恰好他的外甥张汝霖过来,张汝霖听后即挥袖吟出下联:"湘水汪洋,无数鱼龙龟鳖,蛇子蛇孙焉敢作浪兴波。"梅县进士和大家听后一致称好,对张汝霖的文才极其欣赏。

　　②上款为受匾人,下款为题匾人、年月日

　　这种款识的方式也是较为普遍的一种。将受匾人放于上款,主要是因为受匾人是题匾人的长辈、上级,或是题匾人和受匾人地位相同,有时为了表示尊敬或谦逊,也会将受匾人放在上款。而且通常将受匾人放在上款的匾额是题匾人制好之后送给受匾人的,也就是说,题匾人与立匾人是同一人。但送匾人是一群人的时候,也有可能是其中一人题,几人立。我们可以看几个该类型中不同类别的例子。

a. 受匾人是题匾人的长辈

例匾 3

匾文:古稀衍庆

上款:恭祝钦赐覃恩族叔邦荣大人七旬吉一荣寿志庆

下款:赐同进士出身、钦点翰林院庶吉士宗愚侄绍曾顿首拜题 光绪十七年岁在辛卯冬月 谷旦

此匾明显可以看出,上款的受匾者邦荣,是下款的题匾者或称送匾者绍曾的长辈。长幼有序,长辈自然放在上款。有时尽管题匾者的地位、声望高于受匾者,但若题匾者是受匾者的儿辈、侄辈或孙辈的时候,自然会将受匾者放于上款。

b. 受匾人是题匾人的老师或上级

如会昌县百匾堂的"齿德兼隆"匾额,就是此类款识。

例匾 4

匾文:齿德兼隆

上款:萧钧松林族长大人英年老成,宗族重望,兹逢八旬进一荣寿,敬拟四字匾额,聊效华丰三祝云尔

下款:合族绅耆士庶人等、私立模范学校全体学生 同敬赠 中华民国十八年孟冬月谷旦

"齿德兼隆"匾

此匾是合族绅著士庶,以及族学众学生,合祝其族长兼族学校长萧松林老夫子寿辰,为表示对其尊敬,而将萧松林老夫子列于上款。另外,如果受匾人是送匾人上级的时候,也是如此。

c.受匾者和题匾者同等地位

例匾5

匾文:名家耆福

上款:张辅臣先生暨德配单夫人七秩双寿

下款:谭延闿敬祝

此匾就是属于题匾者和受匾者地位相当,谭延闿和张辅臣在民初同是属于有名望之人,但为了表示对张辅臣的尊重和自己的谦逊,谭延闿自然是将自己放在下款。这种情况在同僚或者同辈之间是比较常见的。

③在上下款中带有叙述受匾人生平或事迹的序或跋

由于匾额尺寸的限制,一般匾额上的题字是不会太多的,但也有特殊情况。一些匾额为了表彰受匾者,往往会再写一段关于受匾者事迹的文字,这段文字根据匾额整体的形制以及之前所述的提到的两种上下款的规则,或是放在上款作为序,或是放在下款作为跋。如百匾堂有署理会昌知县徐宝锷题的"百岁"匾,就有一篇长达160余字的序。

例匾6

匾文:百岁

上款:钦命同知衔署理会昌县正堂,加十级记录十次,徐宝锷 为 例贡生吴翁世岳老大人百岁庆寿:

盖闻年周十甲,世上难逢,寿固三壬,人间罕匹。此《礼经》所以重期颐,国家所以赐绯衣也。翁非其人乎? 缅翁之为人,存心忠厚,处世公平,伦常大节,昭然无亏;生平急公好义,既修家庙,复修家乘;而且勤俭起家,创业制产,重新华厦,种种善状,巨巨德行,无惑乎寿享百年,眼看五代,此天之所以报翁也不诚厚哉! 兹值诞辰,爰进侑觞,兼赠匾额,恭为之祝。

下款:顺男从九品荣珪、太学生献廷;孙昌宜、昌台、昌绍、昌申、昌琦、昌俊;曾孙庆润、庆兰、庆封、庆云……玄孙泽富、泽永、泽远、泽贵等同立   光

绪二十七年岁次辛丑仲冬月谷旦

"百岁"匾

　　此匾就将表彰吴世岳老先生种种德行的文字放在上款作为序,凸显其忠厚纯良、急公好义的品格,表明立匾之意,具有非凡的意义。下款则是立匾人,其子孙若干。

　　例匾7

　　匾文:节孝

　　上款:赐进士及第、钦命江西学政、詹事府少詹事、翰林院侍讲,加四级随带,加一级纪录十次,洪钧 为

　　下款:李母曾孺人,系廷献公女,李君泰源妻也。孺人年十九,妇李门,逾年生子,甫六月,夫以疾故。孺人闺门静守,□节冰霜,喜不见□,怒不闻声。奉公姑于堂前,旨甘心备;抚孤子于膝下,教养兼全。其嗣稍长,遂屡次□,青年得遂,其见赏于宗工哲匠也,指不胜屈。余庚辰受命典试西江,□阅志书,深知此地之忠孝节义正不少也。复于本届科试按临章贡,有族戚及子侄辈等胪举孺人行迹,求赠于余。余询各司铎,咸以贞节相嘉,普无异议。余遂撮其生平,举其大略,以表孺人之节,后摺巍科,登□宦,孺人之福所致也,实孺人之节所裕为。谨□。

　　男邑庠生廷炬,孙为柯、为林、为桢、为桂、为桐 立。光绪七年岁次辛巳小阳月 吉旦

此匾则将记述曾孺人生平和表彰其忠孝节义的文字放在下款作为跋，而题匾人洪钧如此之有名望之人，自然将其放在上款。

除了将叙述性文字放在上款或下款之外，由于布局不同，也有特别的匾额是将文字放在匾文的正上方的。比如：

例匾8

匾文:陆橘孔梨

赞曰:淳懿天赋，雍睦性成。前哲垂徽，后人继羡。唯吾族帝翁英年失怙，毅然自立，以经书道德为性命，以先贤规范为操持，谦和睦族，孝友型家，庭训端严，褆躬毕牧，兄弟同居，异爨而声气怡怡，当不愧姜氏体风而依然。田家伯仲念切酬母，血性烧香，虔谒武当。况夫承父道艺济人，利物存心，生平出入靡怨，绰有先民风度。今兹天甲初周，喜见兰桂森立，族属称觥庆祝，兼词略述表旌族，望帝垂翁六十芳辰立

上款:族叔君珖明、兄皎铭、弟思顺、侄孙永临、曾侄孙嘉荣、玄侄孙兆腾等　为

下款:皇清乾隆五年庚申岁季冬月吉旦

④上款为题匾者、下款为年月日，或者上款为年月日、下款为题匾者

此类匾额有题匾人却没有受匾者，也就是单从上下款中无法得知匾额是送给何人的。所以这种类型的款识用在表赞贺颂匾中比较少，而在园林建筑匾及商铺招牌中比较多见。尤其是像古代帝王、名人名士游览名胜景地时，兴之所至，信手拈来所题之匾，大多采用这种款识方式。

会昌县百匾堂所收藏的堂匾，大多就是此种款识。如吉水状元罗洪先所题的"庄溪草堂"匾，上款缺失了，下款只有"罗洪先题"四字。

⑤无上款，下款为年月日

在我们所整理的匾额中，这类款识的匾额多数为堂匾，即名人雅士为自己的书斋或厅堂所题写的匾额。此类匾额多是用于主人明志、自勉、修身养性，所以多只留题写时间，当然，也有简单留个字号的。而一些园林建筑和商号招牌的标示名称的匾额若非名人题写，一般是无上下款的。

款识的形式基本上有这几种，前三类匾额都是有受匾人，这些匾额主要

是用来馈赠、奖赏的,所以要写清送给何人。后两类匾额是没有受匾人的,多是一些园林建筑类等标示名称的匾额。不过这些款识有时会在一些因素的影响下有所变化。

除了款识的形式之外,在题匾时,款识的字体、用语也是比较值得注意的地方。一般来说,款识的字体与匾额的正文有一定的区别,但都比较工整、大气,字号上小很多。在行文上也十分讲究,有民俗学者曾总结过款识的行文一般要过"小黄道",即挑选一些字眼循环往复,取其中的吉祥字眼,这体现了勤劳智慧的客家人有趋利避害、逢凶化吉的历史传统。一般地,赣南客家地区上款要过"富、贵、贫、贱"的黄道,多取"富、贵"二字为吉利;下款过"生、老、病、死、苦"的黄道,多取"生、老"二字为吉利。当然,我们在鉴赏那些古匾时,也未必全部都遵守这些黄道,因此也不可一概而论。

(2) 款识的用语

由于题匾者多是名人雅士,匾额的用语很有讲究,我们在"匾额的文字"一节会专门讲述,兹不赘言。此外,在落款时间上的用语也比较文雅、脱俗,有韵味。

①年份

在年份使用上,主要有天干地支纪年和皇帝年号纪年法两种方式,一般来说,史家多通用年号纪年的方法。在匾额中,我们常看到的是年号、干支兼用的纪年法,如"乾隆五年庚申""光绪三十年岁在甲辰""光绪七年岁次辛巳"等。在赣南客家匾额习俗盛行的会昌、上犹等地,从现存的匾额来看,主要也是年号、干支兼用的纪年法。新世纪以来,工匠所制的新匾,往往采用干支纪年法。

②月份

在月份使用上,也有几种常用的方法。一是时节纪月法,各季分别用孟、仲、季称代。如春季三个月,就是孟春、仲春、季春。二是从典籍中所出进而约定俗成的代称或别称,也为匾额所经常使用,如二月称为"杏月",三月称为"桃月"等。三是用地支纪月法,以地支和十二个月相配。在匾额中,多使用前两种纪月的方法,现将匾额中较常用的月份别称列举如下:

表2　月份别称表

四时	春			夏			秋			冬		
月份	一月	二月	三月	四月	五月	六月	七月	八月	九月	十月	十一月	十二月
时节	孟春	仲春	季春	孟夏	仲夏	季夏	孟秋	仲秋	季秋	孟冬	仲冬	季冬
地支	寅月	卯月	辰月	巳月	午月	未月	申月	酉月	戌月	亥月	子月	丑月
别称	正月 端月 初月 嘉月 新月 开岁 陬月	丽月 杏月 花月 仲月 酣月 如月	桃月 绸月 季月 莺月 晚春 暮春	麦月 梅月 纯月 清和 初夏 余月	蒲月 榴月 郁月 鸣蜩 天中 皋月	荷月 焦月 署月 精阳 溽暑 季暑	瓜月 巧月 兰月 兰秋 肇秋 新秋 首秋 相月	桂月 状月 仲商 正秋 竹春	菊月 暮商 霜序 朽月 玄月 青女月 三孟秋	良月 露月 初冬 开冬 小阳春	畅月 葭月 龙潜月	冰月 腊月 严月 除月 季冬 残冬 末冬 嘉平 穷节 星回节 大吕月

③日期

在日期的使用上,一般有三种方法。一是采用"三浣记日",每个月的上、中、下三旬,即上、中、下三浣;二是采用二十四节气记日,如"立春""雨水""谷雨"等;三是月相记日。所谓月相记日,是指根据月亮明亮部分的各种不同形象,用约定俗成的文字以代称。如初一叫作"朔"、初三叫作"朏",十五叫作"望",十六叫作"望后"。不过在匾额当中,纪日的比较少,常用"三浣"纪日。另外在匾额中最为常用的两个吉日的词,是"谷旦"和"吉旦"。《幼学琼林·岁时》中讲道:"谷旦、吉旦,悉是良辰。"①也就是说,匾额中的"谷旦 立"或"吉旦 立"代表这块匾是良辰吉时刻立的,属于吉利的说法,讨一个好兆头。

④敬辞

在匾额上,我们经常能看到一些敬辞,这也是款识中必不可少的讲究。

---

① 钟雷.幼学琼林[M].哈尔滨:哈尔滨出版社.2004:16.

在敬辞的使用上,题匾人自己一般用谦称,常给自己加一个"愚"字,以表示谦逊的态度。而对受匾人一般都会用敬称,一般有令、尊、贤、仁等。如题给对方的父亲称令尊,题给对方的母亲称令堂,若是同辈友人或长于自己者可称仁兄,而称地位高的人为仁公等。在结尾处还会加上"顿首""拜题""敬题"等谦辞。

(3)印章

在非常正式的匾额中或者题匾人的来头比较大时,都会有题匾人的印章。印章的位置一般是在题匾者名字的旁边或下面,但也有不少匾额的印章是在匾文正中央偏上方。像一些皇帝题写的匾额,没有上下款,只在匾文的正中央落下自己的印章作为标示。如"乐寿堂"的匾额就在正中钤有"光绪御笔之宝"一方。

印章往往也是鉴别一块匾的重要标志之一,它与上下款的内容遥相呼应,互为印证。尤其当匾额上的字受到岁月的蚕食而变得模糊不清时,这时印章往往就发挥了它释读的作用。会昌县百匾堂所收藏的一些匾额中,题匾人的姓名往往没有全部写上,而是只写一个姓氏,这时,印章就发挥了其应有的释读作用。如乾隆四十四年(1779)汪永锡所题的"芹绿怡颜"匾额,其上款为"内阁学士兼刑部侍郎、提督江西全省学政,加三级记录十次 汪为",上款并没有点明题匾人的名讳,我们只能借助于匾额上"汪永锡印"的印章以及题匾人的官职来辨别。

第四节 匾额的纹饰①

纹,本义是指古代丝织物,《广韵》:"纹,绫也。"亦指丝织物上的纹路或

---

① 本节内容系刘茜所写,参见其本科毕业论文《匾额纹饰研究》,景德镇陶瓷大学,2018.

花纹;也泛指皱纹、痕迹、纹路等现象。① 纹样在装饰艺术中,是指有一定的图案结构规律的,经过变化、抽象等方法,形成规则化、定型化的图形。卢卡契认为:"纹样本身可以作这样的界定,它是审美的用于情感激发的自身完整的形象,它的构成要素是由节奏、对称、比例等抽象反映形式所构成。"②匾额具有很高的艺术价值,除了内容丰富、文辞优美的匾文之外,更离不开的是匾额边框纹饰的衬托。纹饰虽处于次要部位,但其艺术魅力充分地通过匾额本身展示出来。下面,我们就以会昌县百匾堂所收藏的 130 方匾额为例,探讨匾额的纹饰。

1. 匾额纹饰的布局特征

匾额纹饰是指位于匾额四角,或四周边框的装饰图案。工艺通常为浮雕,也有些是贴雕。如会昌县百匾堂收藏的"椿树长荣"匾,上下框饰琴棋书画,其间饰"寿"字图案;左右框饰古代戏文故事;四角饰蝙蝠图。

"椿树长荣"匾

会昌匾额主要形式为横匾,竖匾则极其少见,材质则通常为木质,石匾一般在建筑中充当标识牌,或配合石碑一同分布,主要见于祠堂等建筑物中。木质匾的取材方便,易于制作,装饰便捷,更能表现题匾者的书法艺术水准和制匾人对图案雕刻的造型把握,从而适用也最广。另外,许多会昌匾额是出于标榜功德、彰显模范的用途而制,所以匾额上往往会装饰大量精美

① 李砚祖.纹样新探[J].文艺评论,1992(6).
② 卢卡契.审美特性[M].北京:中国社会科学出版社,1986.

的吉祥纹样来丰富画面,使匾额更具吉祥寓意和审美意趣。匾额纹饰丰富多样,有些纹样造型简洁大方,有些纹样复杂、雕刻精美,有些讲究要与匾文内容相适应,甚至会因社会审美和使用者身份的差异有所不同。

2. 匾额纹饰的装饰作用

匾额纹饰起着美化和完善匾额的装饰作用,精美的边框纹饰可以增加匾额的艺术内涵和提高建筑物的艺术感染力,展现题匾人和受匾人的艺术修养,令观赏者感到赏心悦目。因此,大多匾额都是艺术精品。

客家人一贯以来都将升匾看作重要的大事,因为匾额可以称得上是家族的"面子"。匾额大多数由有较高社会地位或有声望的书法家所题写,匾额的装饰纹样则能体现题匾者和受匾者的个性审美和艺术修养。将匾额挂置自家厅堂、家族祠堂,如建筑之眼,使建筑更具生命力与艺术魅力。在匾额四周的边框上添加适当的装饰图案,能使之变得更加美观,同时也能美化建筑物的艺术形象,增强其文化底蕴。

3. 匾额纹饰的使用

匾额源于建筑的标识功能,在赣南逐渐形成堂匾、功名匾、寿匾等多种类型。匾额的纹饰丰富多样,其装饰艺术具有重要的研究意义。因木匾附于建筑物上面,经风吹雨淋、灾祸破坏,所以存世有限。会昌县百匾堂所收藏的,以及现存的匾额大多是清代、民国时期保存下来的,清代之前的存物很少。所以,接下来将对清代、民国的匾额进行梳理,对比分析,深入研究清代至民国匾额装饰纹样的发展和演变特征,从而探讨会昌客家匾额对于继承和弘扬客家文化的作用和意义。

通过考察会昌百匾堂搜集的 130 方匾,从中挑选出 44 方清代至民国保存较好,纹饰易于辨别的木质匾(其余匾大多素面,少数纹饰脱落或损毁无法辨别),运用表格法,按照时间顺序梳理出装饰图案的发展脉络。

表3 清代(A1－A34)、民国(B1－B9)会昌客家匾额纹饰列表

编号	匾 文	边框纹饰	工艺	年代（公元）	规格（单位:cm）	受匾者身份
A1	乡评望重	蝴蝶花草纹	浮雕	乾隆八年(1743)	208×71	不详
A2	佐理圣朝	回纹	浮雕	乾隆十九年(1754)	228×77	职员
A3	劲节扶纲	八宝纹、变体万字纹	浮雕	乾隆三十年(1765)	216×71	
A4	文章华国	曲带纹	浮雕	乾隆四十四年(1779)	210×70	生员
A5	登 科	缠枝花卉、回纹	浮雕	乾隆五十四年(1789)	193×79	举人
A6	松节桂枝	琴棋书画,牡丹、花草纹	浮雕	乾隆五十五年(1790)	201×73	乡绅
A7	仉母嗣芳	蝙蝠纹、琴棋书画、花草纹、瓶花	浮雕	乾隆五十五年(1790)	197×68	生员
A8	励洁明干	半浮雕花鸟纹、浮雕瓶花、缠枝花卉纹、菱形开窗	浮雕、半浮雕	乾隆六十年(1795)	211×73	卫守备
A9	嘉 宾	缠枝花纹	浮雕	嘉庆元年(1796)	206×65	乡饮宾
A10	文 魁	八宝纹	浮雕	嘉庆三年(1798)	205×67	进士
A11	辟雍硕彦	八宝纹、花草纹	浮雕	嘉庆六年(1801)	193×70	监生
A12	陶柳母范	琴棋书画、回纹	浮雕	嘉庆十三年(1808)	204×74	生员
A13	少 府	蝙蝠纹、变体寿字纹、花草纹	浮雕	嘉庆二十二年(1817)	202×71	恩贡
A14	进 士	花草纹、曲带纹	浮雕	道光元年(1821)	205×71	明经
A15	芹宫毓秀	舞龙、寿字纹、回纹、花草纹	浮雕	道光七年(1827)	204×72	廪膳生

续表

编号	匾文	边框纹饰	工艺	年代（公元）	规格（单位:cm）	受匾者身份
A16	桂馥华堂	凤凰、麒麟、牡丹、瓶花	浮雕	道光十一年(1831)	209×71	乡绅
A17	成均妙龄	花草纹、瓶花、曲带纹	浮雕	道光二十五年(1845)	205×71	监生
A18	椿树长荣	戏剧人物纹、琴棋书画、蝙蝠纹、寿字纹	浮雕	道光二十八年(1848)	210×73	乡绅
A19	璧水耆英	双凤朝福、双龙朝寿、蝙蝠纹、瓶花	浮雕	咸丰四年(1854)	203×66	监生
A20	桥青梓秀	缠枝花卉、变体回纹	浮雕	同治五年(1866)	206×68	登仕郎
A21	婺映芹宫	回纹	浮雕	光绪元年(1875)	215×69	秀才
A22	齐眉昌后	花草纹	浮雕	光绪七年(1881)	202×76	
A23	家学克承	蝙蝠纹、回纹	浮雕	光绪十四年(1888)	206×65	增贡生
A24	慈德流辉	回纹	浮雕	光绪十五年(1889)	205×67	乡绅
A25	齐眉衍庆	双凤朝阳、福（蝙蝠）禄（鹿）寿（桃）图、花草纹、回纹	浮雕	光绪十八年(1892)	197×67	乡绅
A26	梁孟齐芳	龙凤图、荷花、菊花、牡丹、宝瓶	浮雕	光绪二十一年(1895)	208×75	贡生
A27	婺耀芹宫	龙纹、凤凰纹、麒麟纹、蝙蝠纹、植物纹	浮雕	光绪二十二年(1896)	202×70	庠生
A28	彝训堂	花草纹、回形纹	浮雕	光绪二十六年(1900)	217×73	

续表

编号	匾文	边框纹饰	工艺	年代（公元）	规格（单位:cm）	受匾者身份
A29	百岁	喜鹊望桃图、福（蝙蝠）禄（鹿）寿（桃）图、花草纹、回纹	浮雕	光绪二十七年（1901）	211×71	贡生
A30	坤德偕贞	双凤朝阳、福（蝙蝠）禄（鹿）寿（桃）图、花草图、曲带纹	浮雕	光绪二十九年（1903）	199×67	乡绅
A31	鸿案周甲	魁星点斗、双凤朝阳、福（蝙蝠）禄（鹿）寿（桃）图、琴棋书画图、回纹	浮雕	光绪三十年（1904）	206×68	乡绅
A32	宝婺星明	双凤朝阳、蝙蝠图、寿字纹	浮雕	光绪三十二年（1906）	210×70	
A33	萱荣北堂	双凤朝阳、福（蝙蝠）禄（鹿）寿（桃）图、蝙蝠纹、回纹	浮雕	光绪三十三年（1907）	205×67	
A34	椿荣杖国	双凤朝阳、福（蝙蝠）禄（鹿）寿（桃）图、蝙蝠纹、瓶花	浮雕	宣统三年（1911）	206×64	登仕郎
B1	年高杖国	双凤朝阳、福（蝙蝠）禄（鹿）寿（桃）图、蝙蝠、回纹	浮雕	民国三年（1914）	200×67	乡绅
B2	德种桂兰	魁星点斗、双凤朝阳、双鹿捧桃、蝙蝠纹	浮雕	民国五年（1916）	220×72	例贡生

续表

编号	匾 文	边框纹饰	工艺	年代 （公元）	规格 （单位:cm）	受匾者 身份
B3	耆英拔萃	双凤朝阳、鹿鹤同春、寿字纹	浮雕	民国五年（1916）	202×67	例贡生
B4	双星并耀	缠枝花草纹	浮雕	民国十一年（1922）	194×71	
B5	文名显达	双凤朝阳、麒麟纹、花草纹、回纹	浮雕	民国十五年（1926）	202×68	毕业生
B6	冈陵晋祝	双凤朝寿、八宝纹、梅花、瓶花、回纹	浮雕	民国十六年（1927）	203×70	
B7	培植菁莪	双凤朝阳、福（蝙蝠）禄（鹿）寿（桃）图、花草纹	浮雕	民国十七年（1928）	196×69	校长
B8	寿域兰香	双凤朝阳、福（蝙蝠）禄（鹿）寿(桃)图、蝙蝠纹、寿字纹	浮雕	民国十七年（1928）	210×71	
B9	三星同聚	双凤朝阳、福（蝙蝠）禄（鹿）寿(桃)图、蝙蝠纹、花草福（蝙蝠）禄（鹿）寿(桃)图纹	浮雕	民国十七年（1928）	210×72	
B10	福备三多	双凤朝阳、福（蝙蝠）禄（鹿）寿（桃）图、花草纹	浮雕	民国三十二年（1943）	206×81	

4.匾额纹饰按装饰题材分类

匾额的表现内容不同,其纹饰的表现形式也不一样。纹饰在匾额中虽是处于辅助地位,但各个时期、各种类型的匾额对图案题材的选择也有差异。任何美的事物都有一定的文化基础,匾额的纹饰在时代发展中也形成了独特的风格特色,与当时的社会、人文、政治、审美理想及技术水平等都有一定的关联。会昌县百匾堂所收藏的匾额,纹饰精美,内涵丰富,品种多样,有植物、动物、人物等题材,是客家人独有的对物质审美的需要和精神审美的追求,反映了客家人对美好生活的向往。

通过走访调查,观察分析,我们认为会昌客家匾额中的装饰纹样主要分为祥禽瑞兽类、神话历史人物类、器物类、花卉果木类及文字符号类等五类。

(1)祥禽瑞兽类

会昌县百匾堂所收藏匾额的装饰纹样,大多由传统吉祥图案构成,立意选材都要求有美感,有喜气,出口要吉利。诸如"松鹤延年""鹿鹤同春""四(柿)季平(瓶)安""五福(蝙蝠)捧寿"等等。选用生动美丽、寓意吉祥的祥禽瑞兽题材用在匾额装饰上,反映了客家人对幸福长寿、婚姻美满、五谷丰登、四季平安、子孙满堂、生活富裕及对美好事物的殷切希望。

通过对会昌县百匾堂所收藏的匾额进行梳理,我们发现,祥禽瑞兽主要有双凤朝阳、双龙朝寿、鹿鹤同春、喜鹊望桃、双鹿捧桃、福禄寿禧、麒麟凤凰等。其中,无论是清代还是民国,蝙蝠一直是最常见的题材,并且得到社会各阶层的喜爱。"蝠"和"福"同音,所以也被人们延伸出象征幸福的含义。在客家传统文化观念里,蝙蝠寓意着好运气和多福气,是有着美好寓意的代

"萱荣北堂"匾

表纹饰。蝙蝠常常和"寿"字组成的图案,如"福寿双全",或与鹿、寿桃一起组成"福禄寿禧图"。如"萱荣北堂"匾上框饰以"双凤朝阳",下框饰以"福禄寿图",中间四只蝙蝠对称排列,四角回纹图饰。

另外,双凤题材是清代晚期和民国时最常见的匾额纹饰,并且大多运用在寿辰祝福匾上。特别是发展到民国时期,几乎每块带有装饰的木质匾都会用到,如"齐眉衍庆"匾,上框饰以"双凤朝阳"图,下框饰以"福禄寿图",上下饰以四组花草图对称排列,四角饰以回纹图。此外还有"冈陵晋祝"匾,用到"双凤朝寿"图案;"璧水耆英"匾,用到"双凤朝福"图案。

"齐眉衍庆"匾

下面将会昌县百匾堂所收藏的匾额纹饰中的祥禽瑞兽题材集合到一起,制成表格以有助于读者更加直观地认识题材的分类。

表4　会昌客家匾额祥禽瑞兽类纹饰列表

题材列表	出现次数	图形案例
蝙蝠纹	11	
麒麟凤凰	1	

续表

题材列表	出现次数	图形案例
喜鹊望桃	1	
福(蝠)禄(鹿)寿(寿桃)禧	11	
双凤朝阳 双凤朝寿 双凤朝福	16	
双龙(香草龙)朝寿(寿桃)	1	

（2）神话历史人物类

神话故事和民间传说题材在客家文化中占有重要地位,特别是有关道教的故事传说。客家人与道教有着千丝万缕的联系,赣南在春秋战国时期属百越之地,先民"好巫信鬼",从那时起,巫觋已经开始在当地盛行①。会昌县汉仙岩风景区,因"八仙"而得名,被认为是"八仙"聚集地,因此会昌的"八仙"文化丰富多彩,"八仙"题材经常出现在客家建筑、客家服饰、客家器具等中,在匾额中也产生了许多精美的图案纹样,虽数量不多,但内容十分经典,可以代表客家文化的精髓,像常见的"福禄寿禧""八仙庆寿""魁星点

---

① 李坚.江西戏曲　民间舞蹈　民间音乐现状调查[M].南昌:江西人民出版社,2012.

斗"之类的题材。这些吉祥装饰图案都是反映人们对祛灾免难、征服自然和延年益寿、生活安康的祈求。通过以上这些神话故事、历史传说的引申和象征含义来表达客家人的美好愿望。以人物为主线的装饰元素,生动表达了客家人对历史人物的尊重以及对传承民俗文化的重视。如"鸿案周甲"匾中,上框中间饰以"双凤朝阳",下框中间饰以"福禄寿"图,左寿星,右魁星点斗,上下四组琴棋书画,四角饰以回纹。

下面将会昌县百匾堂所收藏的匾额纹饰中的神话历史人物类集合到一起,制成表格以有助于读者对题材的分类形成更清晰直观的认识。

表5 会昌客家匾额神话历史人物类纹饰列表

题材列表	出现次数	图形案例
戏剧人物	1	
神话人物	1	

续表

题材列表	出现次数	图形案例
魁星点斗	2	

（注：此表格图片均由笔者拍摄于会昌百匾堂）

（3）器物类

除了采用神仙人物、历史名人的形象作为图案装饰外，还常常将能代表特定人物特征的器物绘成纹样，形成独特的装饰风格。八宝纹是会昌匾额常见的器物类纹饰，一般来说，八宝是指道家八仙随身携带的八件法器——鱼鼓、宝剑、花篮、笛子、荷花、葫芦、扇子、玉版等八种宝物，又称作"暗八仙"。在传统习俗中，百姓对"八宝"的构成物品可以自由选择。方胜、书卷以及艾叶等是最常出现在"八宝"里的物品组成部分。而且，如意、珊瑚、元宝和轴画等物品也经常是人们组合"八宝"的首要选择。同样地，八宝通常也是以具有寓意祥瑞的纹饰出现。如"松节桂枝"匾中，上下框各三组琴棋书画图案，左右两边各一组花草图，四角饰牡丹纹。除此之外还有文房四宝、琴棋书画图等常见的文人器物。

下面将百匾堂收藏匾额中的器物类纹样集合到一起，制成表格以有助于读者对装饰题材的分类形成更清晰直观的认识。

表6 会昌客家匾额器物类纹饰列表

题材列表	出现次数	图形案例
八宝纹 （暗八仙）	4	
文房四宝	2	
琴棋书画	5	

（注:此表格图片均由笔者拍摄于会昌百匾堂）

（4）花卉瓜果类

花草纹的种类很多,在赣南客家匾额中比较常见的有牡丹、荷花、菊花、梅花、兰花、玉兰、竹子、葡萄、石榴、寿桃、萱草、卷草、瓶花等。特别是在清代时期,植物纹饰常常出现在赠予客家女性的寿辰祝福匾中,借以比喻客家女性伟大的母亲形象。

明清时期,统治阶级大力提倡女子节孝,即女子为夫守节,如果妻子不为丈夫守节,就破坏了"夫为纲常"的伦理道德。同时,地方政府还对那些深受儒家传统文化熏陶的贤良母亲进行旌表。这些伟大的母亲往往性格刚强,深明大义,以自己的言行身教来训励子孙成才。

大量清代时期的慈贤节孝匾和寿辰祝福匾运用植物纹装饰匾额,并赋予它特殊的寓意。例如以梅花比喻坚忍不拔、不屈不挠的品质;荷花比喻品格高洁,出淤泥而不染;石榴表示多子多福;以莲、鱼表示连年有余,在宝瓶上加花草,表示平安如意等。如"梁孟齐芳"匾,上下边框分别饰以荷花、菊花、牡丹与龙凤图,左右边框饰以宝瓶图。

下面将会昌百匾堂匾额中的花卉瓜果类纹样集合到一起,制成表格以有助于读者对装饰题材的分类形成更清晰直观的认识。

表7　会昌客家匾额花卉瓜果类纹样列表

题材列表	出现次数	图形案例
梅花	1	
兰花	1	

续表

题材列表	出现次数	图形案例
玉兰①	1	
瓶花	7	

（5）文字符号类

某种意义上讲，文字也是一种图形符号。中国的汉字本身集音、形、义为一体，因此，汉字既是形的组合，又是义的表达②。如在匾额上常见的有"寿"字、"回"字、"福"字等。寿字也有着多种多样的图案转变。比如，长方字形的寓意"长寿"；圆字形的寓意"团寿"，而且还有着寿终正寝的寓意。"寿"字的字头被改造为对称的样式，也有着长寿的美好寓意。

几何图形是指将某些非生命的事物形象加以几何化的抽象处理，使之形成规范简洁的符号形式，并赋予吉祥的含义③。例如，回纹所具有的延绵迂回的特点，使其在百姓中传有"富贵不断头"的寓意，是会昌客家匾额中最为典型的图案，大多用来修饰匾额的四个角，少数完整用于匾额的四边。如

---

① 按，此款吉祥图案，也有学者认为是菊花，姑存一说。
② 王贵民.赣南客家传统吉祥图案研究［D］.赣州：赣南师范学院，2013.
③ 赵屹，莫秀秀.中国民俗文化丛书：吉祥图案［M］.北京：中国社会出版社，2008.

"慈德流辉"匾中,四角用回纹进行简单的装饰,使得整方匾额看起来更加古朴大方,寓意深刻。

下面将会昌县百匾堂匾额中的文字符号类纹样集合到一起,制成表格以有助于读者对装饰题材的分类形成更清晰直观的认识。

表8　会昌客家匾额文字符号类纹饰列表

题材列表	出现次数	图形案例
回纹(或变体回纹)	16	
戳纹	2	

续表

题材列表	出现次数	图形案例
寿字纹	6	

第五节　匾额的文字

匾额文字是匾额制作中的重头戏，一般包括匾额正文和款识。匾额既可以是店铺的招牌，从某种程度上说，也可以是一个家族的"招牌"。因此，制匾前，多数邀请文人骚客、书法大家为匾额题词书写，以求文辞精彩、书法遒劲。

（一）匾额文字的特点

1. 简洁洗练

中国古代的文言之美，素以简洁洗练而又意境深远扬名于世，而匾额更是常常以区区三四字，便要点化出厅堂楼阁的精、气、神，即便是祝寿匾、堂匾，常多用诗文词句，也秉承了中国诗词的一贯传统，贵在精当，一字千金，又鱼贯而下，回味无穷，可谓将中国语言文字上的气韵与辉煌发挥到了极致。如"江南一杰"匾：

"江南一杰"匾

该匾为嘉庆十年(1805)戴衢亨为江南籍贡生张魁题。戴衢亨(1755—1811),字荷之,江西南安府(今大余县)人。乾隆四十三年(1778)中状元,授翰林院修撰。累主江南、湖南乡试。历任侍读学士、军机大臣、体仁阁大学士等。嘉庆十年,戴衢亨任江南乡试主考官,为才华横溢的落榜贡生张魁感到惋惜,题该匾以示鼓励。"江南一杰"四字,简洁明了,意味深长。

事实上,匾额的文字,由于脱胎于传统的诗词歌赋,运用了用典、借代、比喻等修辞手法,不论是过去的古文大家,还是现代人所草拟的匾文,无不简洁洗练。

2. 应景而发

作为匾额中最重要的组成部分,匾额的文字,总是应景而发,充分发挥语言文字表情达意的功用,使匾额坐镇一方天地。所谓"应景",就是根据匾额的类型,使用场合,草拟合适的词语,使匾额与所挂的场合、周围的环境相适应。

如拙政园中的绣绮亭,其向北可观望大荷花池,向南看是洁净的枇杷小园,西边与远香堂互为对景,东边则是海棠春坞等几组建筑。山下湖石围成的花坛中,种植了多本牡丹。每当阳春三月,姚黄魏紫,娇艳欲滴,登亭四望,红花绿叶,烂漫如锦,正合杜甫"绣绮相辗转,琳琅愈青荧"的诗意,故名"绣绮亭",并挂有此匾。这就是应景的最好注脚。我们可以结合不同类型的匾额,来说一说匾额文字的"应景"。

(1)建筑园林匾。建筑园林匾,在匾额中占有很大的比例,这也是匾额最早的功能之一。总的来说,建筑园林匾要与它周围的风景相呼应,做到情景交融,以景抒情。

如《红楼梦》里大观园的匾额,就一直为人们所津津乐道。其中林黛玉所居住的潇湘馆有一方"有凤来仪"的匾额,尤其引人注意。"有凤来仪"出自《尚书·益稷》:"箫韶九成,凤凰来仪。"箫韶之曲分为九章,可尽演奏九遍。由于音乐美妙动听,把凤凰也引来随乐声起舞。这是"有凤来仪"的来历。

因"凤"常用于皇后、嫔妃,"有凤来仪"即歌颂元妃省亲。宝玉说:"这是第一处行幸之所,必须颂圣方可。"即指此。除此之外,"凤"还有第二层意思。书中曾提到,宝玉从沁芳溪一径到潇湘馆,"看那凤尾森森,龙吟细细,一片翠竹环绕"(第二十六回)。风吹过翠绿的竹林,美丽的竹叶发出的声响,就像龙吟般悦耳的乐声。故"凤"又指竹,而竹之品格又与黛玉相同。这是双关暗合的手法。由此可见,"有凤来仪"一匾,置于潇湘馆中,十分应景,为其增色不少。

(2)寿匾。孝道,是中华民族的传统美德。赣南客家人尤其注重孝道,因此,寿匾在赣南尤其多。旌表贺颂的匾额,则要语势恢宏,华丽优雅,表现受匾人备受尊敬的地位。如会昌县百匾堂所收藏的"鸠杖引年"匾额。

"鸠杖"是指在手杖的扶手处做成一只斑鸠鸟的形状。在先秦时期,鸠杖是长者地位的象征,汉代更是以拥有皇帝所赐鸠杖为荣。传说鸠为不噎之鸟,刻鸠纹于杖头,可望老者食时防噎。作为一方寿匾,"鸠杖引年"则有祝愿老者长寿、身体健康之意,作为寿匾,十分恰当,又不落俗套。

又如"梁孟遗风"匾。梁孟,指梁鸿、孟光,典出《后汉书·梁鸿传》。据传东汉人梁鸿和妻子孟光,隐居深山,共同劳动,互助互爱,相敬如宾。梁鸿

"鸠杖引年"匾

"梁孟遗风"匾

每天劳动完毕,回到家里,妻子孟光总是把饭菜准备好,摆在托盘里,双手捧着举到齐眉高,送到丈夫跟前;梁鸿也恭恭敬敬地齐眉接过。

该匾比喻受匾人鹤林老先生与结发妻子朱氏在一起生活到80多岁,相敬如宾,有梁鸿孟光之遗风。既引经据典,又恰如其分地赞扬了老夫妻幸福美满的婚姻,也是十分应景的。

(3)商匾。宋代以来,随着商品经济的发展,商匾成为新宠。因其是面向大众的招牌,因此商匾用字应忌生僻,避免晦涩难懂,且偏好吉利字眼。如前文所述,朱彭寿的《安乐康平室随笔》卷六中,将商铺常用的字作了总结,认为"市肆字号,除意主典雅,或别有取义者不计外,若普通命名,则无论通都僻壤,彼此无不相同。余尝戏为一律以括之,云:'顺裕兴隆瑞永昌,元亨万利复丰祥。泰和茂盛同乾德,谦吉公仁协鼎光。聚益中通全信义,久恒大美庆安康。新春正合生成广,润发洪源厚福长。'诗固漫无意义,而吉利字面,大抵尽此五十六字中,舍此而别立佳名,亦寥寥无几字矣。"①对于商匾用字,可谓囊括几尽了。

如"同仁堂"匾的故事,具有一定的代表性,兹录如下:

据传康熙少年时曾得过一场怪病,全身红疹,奇痒无比,宫中御医束手无策。康熙心情抑郁,微服出宫散心,信步走进一家小药铺,药铺郎中只开了便宜的大黄,嘱咐泡水沐浴。康熙按照嘱咐,如法沐浴,迅速好转,不过三

---

① 〔清〕朱彭寿.安乐康平室随笔:卷六[M].北京:中华书局,1982:273.

日便痊愈了。为了感谢郎中,康熙写下"同修仁德,济世养生"八字赠给他,并授予他太医院吏目。

这个郎中就是乐显扬,康熙八年(1669),他根据康熙皇帝的赐字,创办了"同仁堂药室"。"同仁堂",也就成为他的金字招牌。雍正元年(1723),钦定同仁堂供奉清宫御药房。其后同仁堂独办官药188年,历经八代皇帝。自制名药有安宫牛黄丸、牛黄清心丸、乌鸡白凤丸等。数百年来,同仁堂也始终秉持"同修仁德,济世养生"的理念,为医药事业发展作出了贡献。

(4)书斋匾。悬挂于书斋、居处的匾额,一般以寄寓明志,通过匾额的人文精神与建筑外形的相互辉映,体现一种和谐有序的生活理念。如鲁迅先生幼年读书的书塾挂"三味书屋"木质横匾,用语切当,意味深长。宋代李淑《邯郸书目》:"诗书味之太羹,史为折俎,子为醯醢,是为三味。"这是把诗书子史等书籍比作佳肴美味,比喻为很好的精神食粮。另一说,三味指布衣暖、菜根香、读书滋味长。后成为三味书屋的馆训。

如林则徐书斋悬有"制怒"匾额,自警待人处事要冷静慎重;郑板桥的"难得糊涂"和"吃亏是福"两块匾额,更是人生经验的总结,寓意深远。

3. 雅俗共赏

匾文雅俗共赏,种类繁多,其共同的特点便是为人们传达心声,有不少文人墨士所题写的匾额还往往多出于诗词、典故,体现了深厚的文化内涵。同时,匾额悬挂以后,需要面对不同层次、不同文化水平的人,尤其是商匾,三教九流的人都会接触到,因此,匾额不能一味地追求文雅,而要更加注重雅俗共赏,这样才能满足不同层次人们的欣赏需求。在雅的方面,追求辞藻的隽永深刻,讲求用典,文辞典雅,如故宫太和殿乾隆皇帝御题的"建极绥猷"匾:

建极,典出《尚书·周书·洪范》:"皇建其有极。"孔安国传云:"大中之道,大立其有中,谓行九畴之义。"①原义为屋脊之栋,引申为中正的治国最高准则。

---

① 〔汉〕孔安国传,〔唐〕孔颖达正义,黄怀信整理. 尚书正义[M]. 上海:上海古籍出版社,2007:459.

绥猷,典出《尚书·商书·汤诰》:"惟皇上帝,降衷于下民。若有恒性,克绥厥猷惟后。"①绥:原义为挽手上车的绳索,引申为安抚、顺应之意。猷:道,法则。建极绥猷,意为天帝将善道赋予下民,使民有常性,那么能顺乎其道的则为天子。也就是说,乾隆皇帝题"建极绥猷"四字于太和殿,就是为了勉励自己和后来继任的皇帝们,作为至高无上的皇帝,要树立"民贵君轻"的价值观,要始终认为皇帝并不是这个世界的主宰,不能为所欲为,而要上遵天道,下得民心,才能成为真正意义上的天子,才能真正治理好国家,成为一代明君。

在俗的方面,则要求要一目了然,使人一看到就能够知晓其中的意义,如会昌县百匾堂收藏的"进士"匾就十分明了,一看便知这是一方科举功名匾。

然而,这里要注意的是该匾的下款,下款为"明经刘其凤 立 道光元年冬月吉旦"。刘其凤,字正春,会昌县人,道光元年(1821)恩贡。也就是说,道光元年(1821),刘其凤还不曾中进士。这就要了解一点科举考试方面的知识了。明经,是汉武帝时期出现的选举官员的科目,被推举者须明习经学,故以"明经"为名。隋唐时期,明经与进士科一样,成为科举考试中比较重要的考试门类之一。此外,还有明法、明算等各种科目门类。至宋神宗时期废除。此后,明经一科退出历史舞台。但清代的贡生,别称"明经"或"明经进士"。因而,在民间,尤其是在匾额、族谱上,人们往往将"明经"称作"进士",这种区别尤其要引起注意。

又如"文魁"匾,也很简单明了。

"文魁"匾

---

① 〔汉〕孔安国传,〔唐〕孔颖达正义,黄怀信整理.尚书正义[M].上海:上海古籍出版社,2007:296.

关于"文魁"的意义，一般有两种说法。其一，指新科举人第七名及其后者的统称。乡试中举者第一名称"解元"，第二名称"亚元"，第三、四、五名皆称"经魁"，第六名称"亚魁"，其余称"文魁"。其二，又说乡试中举者第 7～19 名称"亚魁"，其余称"文魁"。该匾是嘉庆二十年，赖泽霖高中举人时，当时主持江西乡试的正副主考官祝贺他而赠送的匾额。

4. 故事性强

每一方匾额，都有一个耐人寻味的故事。徜徉于会昌县百匾堂时，我们一定会为匾额的厚重所折服，更会为每一方匾额后的故事所吸引。如王氏的"三槐堂"匾，就是一个很励志的故事。

王祐，祖籍莘县（宋时属大名府，今属山东省），以文学见长。北宋时，宋太祖拜其为监察御史，颇为赏识，其官职不断升迁，以尚书兵部侍郎知制诰。王祐乃举家迁来京城，落户开封。

开宝二年（969），有人密告魏州节度使符彦卿谋叛。宋太祖乃派王祐权知大名府。那个时候，莘县一带归属大名府，宋太祖要王祐衣锦还乡，许以"便宜"行事，并以相位相许。其真实意图，是借王之手以除掉符彦卿。王祐到任后，明察暗访，却查无实据，数月无闻。宋太祖乃召其面问，王祐直言禀报，符彦卿并无谋叛事实，并以自己全家百口性命担保，甚至直谏太祖吸取晋、汉（五代）皇帝因猜忌而滥杀无辜的教训。

太祖听后很不以为然，乃把王祐改派知襄州。如此一来，王祐升迁宰相的许诺当然是落空了。王祐赴襄州任前，在其宅院内，手植槐树 3 棵，并说："吾子孙必有为三公者。"后来，他的儿子王旦在宋真宗时果真做了宰相，使他的预言变成了现实。

"三槐堂"不仅成了王祐一支的堂号，而且成为整个王氏大家族中很重要的一个分支——三槐王氏。会昌王氏均以"三槐堂"子孙自居，故所有王氏祠堂都有一方精美的"三槐堂"匾，在默默地诉说着祖先的荣光。

作为赣南匾额中的一种主要的类型，"三槐堂""武城堂""心传堂"等等这些匾额，虽寥寥数语，或缅怀祖先光辉业绩，激发后人创功立业的雄心壮志；或铭记祖先奋斗精神，勉励后辈排除万难去拼搏进取；或宣示祖先人生感悟,启迪儿孙常怀敬畏之心。一方方堂匾,一个个故事,浓缩了祖先饱经沧桑的人文思考,流露着一代代先辈望子成龙的舐犊情深,是一个家族文脉传承的象征,更是一个家族取之不尽、用之不竭的最宝贵的精神财富。

又如"一得阁"匾的故事,也一直为人们所津津乐道。

清同治元年(1862),湖南一个姓谢名崧岱的文人进京赶考,不幸名落孙山。他深感研墨太费时间,耽误答卷,当时就想如果能制出一种墨汁直接用于书写,既省时又省力。于是经过多次试验,他终于选用油烟和其他辅料,制成了可以与墨锭相媲美的墨汁。墨汁研制成功后,谢崧岱就在京师城南一带开设了一间制造墨汁的作坊,自产自销,生意很是兴隆。

同治四年(1865),谢崧岱在北京琉璃厂44号开设了第一家生产经营墨汁的店铺。他曾亲自书写对联赞美其墨汁:"一艺足供天下用,得法多自古人书。"店名遂为"一得阁",并亲手书写牌匾,悬挂于门前。这便是"一得阁"墨汁的来历。

如今,"一得阁"拥有一得阁墨汁店和艺苑楼文房四宝商店,不仅销售墨汁、印泥、印台、墨锭等产品,还经营毛笔、砚台、纸张、字画、古玩等。

"一得阁"墨汁,具有独特的配方和生产工艺,实用价值、历史文化价值和科学价值极高。为此,我国著名书法家启功先生曾为"一得阁"题诗:"砚池旋转万千磨,终朝碗里费几多。墨汁制从一得阁,书林谁不颂先河。"成就了一段佳话。

每一方匾额,都有一个令人称叹的故事,我们将在本书第七章《匾额传奇》中详细叙述,故不赘言。

(二)匾额常用修辞手法

修辞手法,就是通过修饰、调整语句,运用特定的表达形式,以提高语言表达作用的方式或方法。匾额作为一种精练简洁的特殊的文学样式,脱胎于传统的诗词歌赋,也常用修辞手法。把握匾额文字的修辞手法,对于我们深入研究匾额,并在今后的学习生活中拟写匾额、运用匾额,具有十分重要的意义。匾额中常用的修辞手法主要有用典、借代、比喻、双关等。

1. 用典

用典,也就是用事,引用古籍中的故事或词句,即为用典。可以丰富而含蓄地表达有关的内容和思想。刘勰在《文心雕龙》里诠释"用典",说是"据事以类义,援古以证今"。即是用来以古比今,以古证今,借古抒怀。用典既要师其意,尚须能于故中求新,更须能令如己出,而不露痕迹,所谓"水中着盐,饮水乃知盐味",方为佳作。用典是匾额文字中最常见的修辞手法,会昌县百匾堂所收藏的匾额,大多数运用了这一修辞手法。如"培植菁莪"匾:

菁莪,典出《诗·小雅·菁菁者莪序》:"菁菁者莪,乐育材也,君子能长育人材,则天下喜乐之矣。"宋·朱熹《白鹿洞赋》:"乐《菁莪》之长育,拔隽髦而登进。"明·刘基《送赵元举之奉化州学正》诗:"泮水紫芹香可揽,倚看待佩乐菁莪。"①后因以"菁莪"指培育人才。

2. 借代

借代,借一物来代替另一物。一般是类似于以小见大,用小事物来反映大的局面或情况,使句子更加形象具体。通俗地说,借代是一种不直接说出所要表达的人或事物,而是借用与它密切相关的人或事物来代替的修辞方法。

在会昌县百匾堂收藏的匾额中,"椿""萱""兰""桂"是最常见的用于借代的事物。萱,指萱草,一种草本植物,是百合科多年生草本植物,根茎肉质,叶狭长,细长的枝顶端开出橘红或橘黄色的花,十分艳丽。《诗经·卫风·伯兮》:"焉得谖草,言树之背?"朱熹注曰:"谖,忘也,谖草合欢食之,令人忘忧者;背,北堂也。"②后人以萱为母亲或母亲居处的代称。

椿树,木名,又称香椿,落叶乔木,嫩枝叶有香味,可食,简称"椿"。古代传说大椿长寿,《庄子·逍遥游》:"上古有大椿者,以八千年为春,八千年为秋。"因其长寿,后用来形容高龄,亦用以指父亲。

在会昌县百匾堂所收藏的匾额中,寿匾可常见"椿""萱"二字,如"萱阁

① 〔宋〕朱熹.诗经集传:卷八[M].明万历无锡吴氏翻刊吉澄本.
② 〔宋〕朱熹.诗经集传:卷二[M].明万历无锡吴氏翻刊吉澄本.

凝庥""椿树长荣"等等。

桂兰,指桂花和兰花,比喻子孙繁衍像桂花繁盛而芬芳,像兰花幽雅;后用以指代他人的儿孙的赞美之辞。兰花以它特有的叶、花、香独具四清(气清、色清、神清、韵清),具高洁、清雅的特点,古今名人对它评价极高,被誉为"花中君子"。古人喜欢用"兰桂齐芳""兰桂腾芳"来比喻或赞誉他人儿孙取得功名。如"德种兰桂"匾,即是此类。

婺,即婺女星,二十八宿之一。玄武七宿之第三宿,有星四颗。后世多用于祝贺妇女寿诞。如明·程登吉《幼学琼林·老幼寿诞》:"贺男寿曰南极星辉,贺女寿曰中天婺焕。"

芹宫,语出《诗·鲁颂·泮水》:"思乐泮水,薄采其芹。"朱熹集传:"泮水,泮宫之水也。诸侯之学,乡射之宫,谓之泮宫。"后因以"芹宫"代指学宫、学校。这在科举功名匾中,也常常见到,如"婺耀芹宫"匾。

3. 比喻

比喻是一种十分常见的修辞手法。在匾文中常常用到,如时任江西学政的汪永锡为生员刘肇相的父亲刘礼珧、母亲林氏七十大寿而立的"芹绿怡颜"匾。

该匾是典型的寿匾,乾隆四十四年(1779),刘肇相参加江西乡试,得以结识时任江西学政的汪永锡,其才学为汪永锡所深赏,然而时运不济,饱学之士刘肇相并未得中。值其父母七十大寿,汪永锡提笔书写了"芹绿怡颜"四字以赠之。

怡颜,和悦的容颜,始见于陆机《汉高祖功臣颂》:"怡颜高览,弭翼凤戢。""芹绿怡颜",就是赞扬老人家善于养生,可敬可亲,保持着芹菜一样旺盛的生命力。

在古代诗文中,常用"玉"来比喻和形容一切美好的人或事物。《礼记》:"君子比德如玉。"在匾额中,"玉"字也十分常见,如"芳仪如玉"匾。芳仪,原指古代妃嫔封号,系后妃"六仪"之一。"六仪"指的是淑、德、贤、顺、婉、芳。后用于形容女性的容止仪表、外貌和风度。芳仪如玉,比喻贤淑与美德。题匾人廖鸿章赞扬李门蓝氏十分贤淑,仪容举止十分有度。

4. 双关

在一定的语言环境中,利用词的多义或同音的条件,有意使语句具有双重意义,言在此而意在彼,这种修辞手法叫作双关。双关这种修辞手法,并不常见。会昌县百匾堂中,仅见"文名显达"匾,运用了双关的修辞手法。

该匾为署理会昌县长邓钟伦为毕业生刘文达立,题匾人巧妙运用拆字法,将受匾人的名字"刘文达"的"文达"两字拆开,组成"文名显达",可谓一语双关。既嵌入了受匾人名字,又称赞了受匾人颇富才学,文名显达。

(三)匾文的草拟

匾额楹联往往是古典建筑的点睛之笔,文辞优美、书法遒劲的匾额十分重要。在《红楼梦》第十七回"大观园试才题对额"中,雪芹先生借贾政之口说了一番议论,"偌大景致,若干亭榭,无字标题,任是花柳山水,也断不能生色",一语道出了匾文、楹联之于传统建筑不可或缺的审美价值。党的十八大以来,以习近平同志为核心的党中央更加重视传统文化的保护和弘扬,赣南客家匾额习俗作为一项优秀的传统文化,也逐渐受到人们的重视,逐渐发挥其在培育和弘扬社会主义核心价值观和构建社会主义和谐社会中的重要作用,民间各祠堂升匾活动日益频繁,日趋隆重,赣南客家匾额习俗重新焕发生机。

我们认为,草拟一方匾额,首先要注意匾文的洗练精简,文辞优美,切不可如某些祠堂一样,两侧都挂满了"奉献积德"的匾额,令人望而生厌。其次要符合受匾人的身份地位和实际情况,要根据匾额的不同类型来草拟合适的匾文。再次,要运用用典、借代、比喻等修辞手法,增加匾额的文学性,形成意义丰富、含蓄隽永的匾文。如笔者为第二届会昌县"道德模范"获得者所草拟匾额,在现代社会具有一定的参考价值。又如在古坊村赣南客家匾额习俗传承基地所草拟的60多方匾额,每方匾额都与受匾人家的家庭情况十分契合,可供参考。现就举例以说明如何草拟匾文。

举例 1 刘某 男,1966年2月生,中共党员,会昌县交通运输管理所副所长。

该同志1987年开始参加工作,28年以来,工作兢兢业业、任劳任怨,他勤于思考,善于研究,攻克了一个又一个难题。连续多年受县委、县政府、市交通局表彰,连续 7 年被评为"交通工作先进个人""优秀共产党员"。为了维护运输企业的合法权益,打击非法运输,维护道路运输市场稳定,保障人民生命财产安全,他主动带队出击,协调公安、交警等有关部门共同打击非法客运行为。面对非法营运车主,他一身正气,廉洁奉公。比如:2014 年春运,周田镇下营村汪某、小田村刘某多年包运外省客车,在周田、门岭私设票点,严重扰乱客运秩序,他们为达目的,采用找人说情、送礼、送红包等形式进行贿赂,但该同志不为所动,一一拒绝,为交通执法做出了榜样。

在该同志的典型事例中,我们能够得到"廉洁"这么一个关键词。因此,作为第二届道德模范的获得者,可以从这一方面给予表彰,我们认为"廉泉让水"四字颇为契合。"廉泉让水"出自《南史·胡谐之传》:"帝言次及广州贪泉,因问柏年:'卿州复有此水不?'答曰:'梁州唯有文川、武乡、廉泉、让水。'"

举例 2 曾某某 男,1968 年 12 月生,中共党员,麻州镇增丰村党支部书记。

他敬业奉献,依法履职,村容村貌变化大。作为支部书记,该同志严格要求自己,积极向上争取各项财政资金,改善村容村貌,兴修水利设施,先后硬化村组公路共计 6.8 公里,各通组公路也相继得到硬化,实施烟水工程,修筑增坊塅水圳 800 米;兴建坳子塘小组电灌站,积极协调解决村民纠纷,按时完成党委政府下达的计划生育、新农保、新农合等各项任务;勇于攻坚克难,率先完成镇党委下达的征地拆迁任务,并积极帮助同事完成任务;荣获"农村共产党员创绩先锋"等荣誉称号。勇于尝试,敢于担当,带领村民脱贫致富。在脐橙种植未全面普及下,2004 年率先发展脐橙种植,种植面积达 2000 多株,年收入达 20 余万元。在他的带头示范下,村民纷纷效仿,全村由荒坡发展为千亩脐橙种植基地,让增丰村成为全镇最先引进脐橙种植的村,村民收入大幅增加,生活水平逐渐提高。他也荣获"赣州市农村青年创业致富带头人""会昌县十大杰出农村青年创业致富标兵"等荣誉称号。

在该同志的事迹材料中,我们看到了他作为党员干部的先锋模范作用,

有敢为人先的优良作风。因此,在其荣获第二届会昌县道德模范时,笔者草拟了"请自隗始"四字。"请自隗始"典出《史记·燕召公世家》:"王必欲致士,请从隗始;况贤于隗者,岂远千里哉?"讲的是一个千金市骨的故事。

战国时,燕国曾一度被齐国打败。燕昭王继位后,决心收拾残局,招贤纳士,以便重振国威,向齐国报仇。为此,昭王向一个叫郭隗的人求教说:"现在燕国处境困难,我想广招人才,帮我治理国家,你看怎样才能找到有才能的人呢?"郭隗没有直接回答昭王提出的问题,而是给他讲了一个故事。郭隗说:

从前,有一个国君想得到一匹千里马,于是贴出告示,说愿出一千两黄金来购买。3年过去了,千里马仍没买到,国君闷闷不乐。这时,有个侍臣向国君请求出去寻求千里马。

侍臣找了3个月,终于找到了线索,可到地方一看,马已经死了。侍臣拿出了500两黄金买回了那匹千里马的头骨。谁知国君见花了这么多钱买回来一堆马骨头,非常生气,把这个侍臣训斥一顿。国君说:"我要的是活马,你买了这堆马骨头有什么用?"侍臣回答说:"大王要买千里马,可3年都没买到。其实并非世上没有这种马,而是人们不相信你真会舍得出1000两重金来买。现在我拿500两黄金给你买了千里马的骨头,消息传出去,很快就有人把千里马给你牵来。"国君一听侍臣说得有道理,就没有再怪罪他。果然,不到一年时间,就有好几匹千里马送到了国君手中。

郭隗讲完这个故事后,对燕昭王说:"大王真想招纳贤士,就先从我开始吧。大家看到像我这样的人都能重用,那些比我更有才能的人还会犹豫吗?这样不愁远隔千里,人才会主动找上门来。"

燕昭王认为郭隗说得有道理,便首先重用了他。消息传开,果然不少有勇有谋的人物纷纷来到燕国的都城。燕昭王依靠这些人,经过28年的努力,终于治理好了国家,并联合秦、楚等国一起打败了齐国,收复了失地,洗刷了过去失败的耻辱。

根据这个故事,后人引申出"千金买骨"这句成语,比喻求贤才的渴望。原指拿自己做一个榜样,后比喻自愿带头。

举例3　朱某某,女,1976 年 9 月生,中共党员,会昌县人民医院护理部主任。

从事护理工作 21 年,先后在会昌县周田卫生院、县人民医院传染科、内科、急诊科、儿科、护理部等多个科室从事临床护理及护理管理工作。该同志责任心强、业务素质好、技术强硬。工作上任劳任怨、不怕苦、经常加班加点、随叫随到,对患者和蔼可亲。2014 年会昌一中学生体检时,一位学生突然晕倒,在无任何措施下立即对学生口对口进行人工呼吸,成功挽救了学生的宝贵生命。在"非典"重要时期,她不顾个人安危,挺身而出,主动递上请战书,随时听从医院安排。

在该同志的事迹材料中,我们看到了她作为医护人员的优良作风。因此,在其荣获会昌县道德模范时,笔者草拟了"体贴入微"四字。体贴入微,形容对人照顾或关怀非常细心、周到。"体贴入微"出自《瓯北诗话·杜少陵诗四》:"至于寻常写景,不必有意惊人,而体贴入微,亦复人不能到。"这与她作为医护人员的身份,是比较贴合的。

第四章 精湛的制匾技艺

第一节 悠久的制匾工艺

匾额的传统制作工艺十分复杂,融合了木工、漆工、刻工以及书法等多种传统工艺的精华,一般人极难掌握上述各种工艺,因此,过去制匾均为多人合作,密切配合,方能制作成一方方精美的匾额。

从现存的匾额来看,赣南地区的制匾传统流传至今,已经有很长的历史。然而,随着时代的变迁,曾经盛极一时的传统制匾工艺已经不复当日的辉煌,几乎已经没有人愿意去学这门手艺。即使在从事制匾行业的人员,也大多采用电脑雕刻,传统制匾工艺面临失传的尴尬境地。

总的来说,传统制匾工艺主要有制坯、嵌补、褙麻、刮腻、上漆、水磨、推光、风干、描字、雕刻、堆灰、贴金描粉等十几道工序。其所用的原料有木条、桐油、猪血、生漆、石膏、苎麻布、木炭、草木灰、沙叶、百节草、石绿、金粉、金箔等。

1. 选材:制作匾额,一般选用干透的耐腐蚀、不变形、不虫蛀的多年旧红白松、楠木、樟木、杉木以及其他不易变形的木料,不能用黄花松等易翘曲、变形和易腐的劣质木材。木材必须干燥,含水量小于12%。

2. 制坯：如制匾所用木材不是整块的，而是由若干根木条用木栓拼接而成，需用橄榄钉或竹钉来进行拼合，拼合后正反两面都要刨平，并在背面开槽穿档。同一方匾额必须采用材性材种相同的木材，否则会使匾额变形而导致漆膜开裂或脱落。以整块木板来做，板背面（匾背面）要穿档、衬档做和加拍横头，以防板面走动。其过程可见下图：

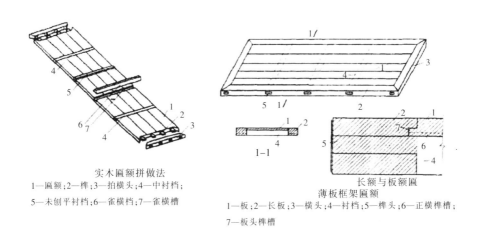

实木匾额拼做法
1—匾额；2—榫；3—拍横头；4—中衬档；
5—未刨平衬档；6—雀横档；7—雀横槽

长额与板额匾
1—板；2—长板；3—横头；4—衬档；5—榫头；6—正横榫槽；
7—板头榫槽

3. 嵌补。制成白坯后，需仔细寻找板面上的洞眼裂缝等，用漆灰补平，叫作嵌补。待其自然风干后，用河沙、木炭或纱布打磨平整。所用漆灰由猪血、蛋清、桐油、木炭灰、生漆按一定比例调制而成。

4. 褙麻。先根据气候，天气情况，调好稀漆灰。将苎麻捶打成丝绒状，后将麻茸均匀背贴在所需表面，用漆灰或猪血贴实。用刮刀将调好的稀漆灰满刮到白坯上要褙布的部位，马上用土漆刷均匀，将麻布暂时平贴在上面。用漆刷蘸取稀漆灰把布刷满、刷湿、刷匀随即把布揭起待用。在白坯面上重新复涂一遍稀漆灰，把布已涂过稀漆灰的一面贴在白坯上，并拉直、拉平。再用牛角刀刮去多余的稀漆灰，自然晾干。褙麻的目的是使木板的拼缝由于麻纤维的连接性能而增加拉力，克服木材由于干缩湿胀而造成的变形，以保证漆膜的平整，延长使用寿命。

5. 刮腻。调腻需根据天气或时候而定，可稀可稠。一般情况下，刮第一遍漆腻子要稀一点，以填平布纹为准；从第二遍开始要将漆腻子调厚一些，采用大的刮具,将漆腻子在白坯上,按"一摊""二横""三直""四收"的顺序进行。所谓"一摊",是指每一手腻子反复摊满填平。"二横"是指在摊满摊平的腻子上面再反复横摊一次,使腻子层进一步被摊平。"三直"是指顺木纹方向把腻子刮平收直。"四收"是指表面晾干、磨平、修刮至平整。一般需刮三至五遍,要求腻子层达到一定的厚度,整个工件平整。待腻子层完全干燥后,再砂磨平整。

6. 上漆。砂磨平整后,在工件刷漆,需连续刷四五道老漆。所谓老漆,是一种天然漆,通常也叫土漆,是用一种漆树的汁浆做原料,是一种全天然、无毒并且不进行加工的漆。每次刷漆要把握好火候和力度,保证其所刷的老漆是均匀平整的。等漆完全风干后,才能继续刷第二遍。

7. 水磨。待漆膜完全干燥后将植物油、草木灰搅拌后刷在漆膜上,然后用软布、沙叶或百节草进行水磨和推光。刷一遍,磨一遍。如此往复,一般要 10 多遍才能完成。

8. 拓字。按匾额尺寸写字样拓字。把字样描在纸上,用毛笔蘸上铅粉或淀粉水描实,放在匾额的地仗上摆端正,用布在匾上擦字就拓上了。如果字样不需要保留,也可把纸糊在匾上,叫糊字样。字体的尺寸,可以适当放大或缩小。萧天长老师擅长写各种大字,尤其擅长匾额榜书,其制匾可以直接在地仗上书写,无需拓字。因此,萧天长老师所做匾额,尤其受到当地群众欢迎。

9. 雕刻。雕刻分阴刻和阳刻两种。所谓阴刻,就是沿着字样边沿用斜刀稍向里倾斜把字边刻出来,再往里刻,铲出铁锹背形,脊背的最高点要和匾地平面一样高。刻下去的深度要随字而定,笔画宽就刻得深一些,笔画窄就刻得浅一些,字形要有立体感,不得出现死棱角,不能损坏笔体。下款小字是一边一刀就可以铲出来,落成"V"字形。阴字底完全是平面的叫平落,刻法是先勒边,再把底铲平。

阳刻字体要突出匾的平面,刻字时先刻出字样,把字体以外的大面铲下去,铲平,留下的鼓面字样就是阳字,字体上面是平的。阳刻最能展示出文字本身的特色和纹饰的精美,效果也是最好的,也是最繁琐、最耗时、高成本

的一种雕刻方法。现在做阳字的方法是用薄木板镂出字样,钉在匾上再做地仗,这样更为省时省力。

除了雕刻文字外,还在匾额的边框上雕刻吉祥图案作为装饰,我们统称为纹饰。纹饰要与匾额的类型和文字息息相关,有蝙蝠、松柏、萱草、荷花等吉祥喜庆类图案,有回形纹、云雷纹、寿字纹等装饰性图案,等等,前文已有详细描述,兹不赘言。这些图案往往以浮雕技法雕刻而成,也有的是以镂雕技法刻成的。

10.贴金描粉。雕刻好文字后,比较讲究的匾额还要贴金,使得整方匾额更有气势、更加精美。由于金箔成本较高,一般匾额正文大字贴金箔,上下款小字,一般是刷金粉即可。同时,也可突出匾额正文,给人眼前一亮。贴金工艺极其讲究,调制金胶需要根据昼、夜、朝、夕的不同,将配料的比例和金胶的稀稠程度掌控好,然后再把金胶均匀地涂抹在字体上面,对于字体的各个地方都要把握好金胶的稀稠度。在金胶还没有干时,用嘴把手持的金箔吹贴上去,用细软的毛刷进行揉压贴实。金箔的对缝处要严丝合缝,但又不能搭口过多,要保证金箔贴合得平整紧密、鲜亮,没有明显的接口。金箔的搭接,要按照一种自上搭下、从右搭左的搭接方式。贴完后用软毛刷扫去搭接浮金。金箔吹贴需要工匠的耐心和细致,十分费时费力。

另一种方法是上干金粉。用小排笔蘸金粉轻轻扫在刷好金油胶的字面上,轻扫均匀后,用丝绸或棉团轻揉,使金粉黏结牢固。据传承人萧天长老师介绍,一个长宽约 40 厘米的大字,就需要贴金箔 50 多张,其工艺之艰辛,过程之反复可见一斑。

11. 擦漆。无论是贴金还是上金粉,待其干燥后,都必须在字上薄涂一遍漆,保护贴金不易破损。以延长金箔寿命,确保字体上的金色长久鲜亮,不变色、不掉色。擦漆时,用丝棉软料,蘸上大漆,在文字上面擦拭四至五遍,从而形成保护膜,使之表面光柔和色泽永不消退。此外,一般还要刷上一层桐油,起到保护和提亮的作用。但贴有金箔的地方则不能刷桐油,否则会影响到金箔自身的光鲜。

12. 推光。即对匾额成品进行最后的抛光,使得匾额表面神采奕奕。不能使用木刨之类的工具来抛光,而是要用小型刀具一点一点地铲平匾额上的坑坑洼洼。

13. 上漆。油漆是雕刻完成后的最后一道工序。古代的匾额多采用混水做法,因此多数用油漆粉饰。为突出文字,字体与匾额本身最少有两种以上颜色,有的带边框的匾额则需要三种颜色。匾额是一种庄重神圣的物品,其底色一般是具有高贵、稳重、庄严意象的黑色或红色,具有一种庄重的美,象征着庄严肃穆。一般使用大漆粉饰。

民间制匾大抵如是。清代宫廷用匾则有更多讲究,多经由江宁织造在苏州制作,多为南漆底板,题字用材,种类甚多,有青绿字、槟榔字、树根字、万年子字、雕漆字、银母字等。乾隆朝开始,有些特殊用匾还用玻璃制造,如蓝金星玻璃字波罗漆匾等。乾隆朝装修水法殿,采用摆锡玻璃心紫檀木边匾(玻璃镜式匾),在御批中指明,"大边准照西洋式花纹,用楠木做成,彩漆金花,其金花要高些。"这是仿照西洋式镜框、画框的样子制造的匾式,反映中西文化的交流。

此外,制作匾额还有一些很有意思的禁忌。比如匾额上的"门"字的说法颇为有趣。清代《坚瓠壬集》引马愈《马氏日抄》，门字为两户相向，末笔本应该有钩。南宋都城临安，玉牒殿火灾，殃及殿门，宰臣因为"门"字最末一笔挑了钩，因此招火灾，于是把门上的匾额拿下投入火中，火势才息。于是，门匾上的"门"字再不敢信笔落墨，末一笔只可直直地竖在那。

除火厄之说外，"门"字挑钩另有一说。据《骨董琐记》，明朝初年，詹希原写太学集贤门匾，"门"字有钩。朱元璋见后大怒，我这儿要招贤纳士，你就要把大门关闭堵我贤才之路？这位明太祖读字，充分调动想象力，"门"一挑钩，如同大门关闭，堵塞广进贤才之路。其实，有此"集贤"之心，还愁网罗人才无门路？倒不在"门"字笔画如何。北京前门的匾额"正阳门"，"门"字最末一笔不挑钩。民间就此编出故事，说是皇帝不让写匾的人挑钩，为什么呢？说是皇帝想：我去天坛祭天，要走正阳门，门若带钩，不是把我剐了吗？

可见，制作匾额还是极具学问的一件事。

第二节　匾额的书法艺术

从传统的角度上看，匾额是我国一种独特的文化符号。它是文化的标识，更是文化身份的象征。其集实用性和艺术性于一身，集古代文字、书法、美学、文学、雕刻、篆印、工艺美术于一身，逐渐发展成为我国人民喜闻乐见的一种艺术表现形式。其中书法与雕刻就是与匾额最为密切的两种艺术形式。

匾额的精髓在于其自身所携带的书法。可以说没有精妙的挥毫，就无法成就一块出色的匾额。而在书法艺术中，也有属于匾额书法自身的一席之地，这就是后人所称的榜书。榜书，古曰"署书"，又称"擘窠大字"，是中国一种古老的字体。"署书"之名最早见于许慎的《说文解字》："秦始皇帝初兼天下，丞相李斯乃奏同之，罢其不与秦文合者。斯作《仓颉篇》，中车府令赵高作《爰历篇》，太史令胡毋敬作《博学篇》，皆取史籀大篆，或颇省改，所谓小篆者也。是时秦烧灭经书，涤除旧典，大发隶卒，兴役戍，官狱职务繁，初有隶书,以趣约易,而古文由此绝矣。自尔秦书有八体:一曰大篆,二曰小篆,三曰刻符,四曰虫书,五曰摹印,六曰署书,七曰殳书,八曰隶书。"①其中的"署书"与后世的匾额关系密切。秦汉时期就有题署的记载。卫宏《汉官旧仪》:"丞相门无塾,门署用梗板,方圆三尺,不堊色,不郭邑,署曰'丞相府'"。②"御史大夫寺在司马门内,门无塾,门署用梓板,不起郭邑,题曰'御史大夫寺'。"③显然上述的"丞相府""御史大夫寺"属"署书"无疑。

魏晋时期是书法的繁荣期,一时名家辈出,尤其以"二王"最为有名。此时,闾门题额之制沿袭前代。然而由于年深日久,魏晋时期书法名家所题写匾额已无遗留,不能窥见魏晋匾额的神韵。据唐张彦远《历代名画记·卷一》记载:"李兵部又于江南得萧子云壁书飞白'萧'字,匣之以归洛阳,授余叔祖。致之修善里,构一亭,号曰萧斋。"④

隋唐以来,无论是朝廷还是书法家,对匾额书法已愈加重视。榜书大字进一步兴盛,其代表人物首推颜真卿。颜真卿在《乞御书题天下放生池碑额表》一文中,讨论了碑额题写书法的要点:

> 盖欲使天下元元,知陛下有好生之德,因令微臣获广昔贤善颂之义,遂绢写一本,附史元琮奉进,兼乞御书题额,以光扬不朽。缘前书点画稍细,恐不堪经久。臣今谨据石礐窠大书一本,随表奉进,庶以竭臣下偻偻之诚,特乞圣恩,俯遂前请,则天下幸甚,岂惟愚臣?昔秦始皇暴虐之君,李斯邪谄之臣,犹刻金石,垂于后代。

颜楷大书深刻、端严雄厚,尤适于题写匾额。丰坊《书诀》中曾下过定论:"礐窠创于鲁公""题署亦颜公为优"⑤。这时已经普遍出现了名家题写匾额、品鉴匾额的风气,出现了大量的宫殿题署事例。

① 〔东汉〕许慎.说文解字注[M].〔清〕段玉裁,注.上海:上海古籍出版社,1981:758.
② 〔清〕孙星衍,等.汉官六种[M].周天游,点校.北京:中华书局,1990:36.
③ 〔清〕孙星衍,等.汉官六种[M].周天游,点校.北京:中华书局,1990:41.
④ 卢辅圣.中国书画全书:第1册[M].上海:上海书画出版社,1993:121.
⑤ 华东师范大学古籍整理研究室.历代书法论文选[M].上海:上海书画出版社,2012:500.

臣窃寻秦汉以来，寰海之内，銮舆所至，多立宫名。近代隋室于扬州立江都宫，太原立汾阳宫，岐州立仁寿宫。唐朝于太原立晋阳宫，同州立长春宫，岐州立九成宫。宫中殿阁，皆题署牌额，以类皇居。臣伏准故事，请于汴州衙城门权挂一宫门牌额，则其余斋阁，并可以取便为名。①

宋代文化艺术的高度发达，尤其是宋代商业发达，人们更注重店铺门面的装饰，商匾成为时尚。赵彦卫《云麓漫钞·卷二》云："艺祖登内南门，指牌上'之'字问近臣，用此字何义？或对是助语。艺祖云：'之乎者也，助得甚事？'命去之。"②此则故事流传甚广，记载也颇多，足见宋代不论官方还是民间对匾额的关注和重视。

明清以后匾额大字大行其道，最为鼎盛，可以说达到了米芾《海岳名言》中所说的："世人多写大字时，用力捉笔，字愈无筋骨神气。作圆笔头如蒸饼大，可鄙笑。要须如小字锋势备全，都无刻意做作乃佳。自古及今，余不敏，实得之榜字，固已满世自有识者知"的境地。可见，当时匾额书法文化之繁盛。

匾额书法在明清时期日趋成熟，明代以来，专著中讨论匾额书法技艺的内容逐渐多了起来，如费瀛《大书长语》、李淳《大字结构八十四法》、赵宦光《寒山帚谈》、项穆《书法雅言》、王澍《论书剩语》、包世臣《艺舟双楫》、康有为《广艺舟双楫》等，都有专门讨论匾额书写技法的章节，促进了匾额书法的研究。在一些书法专著中，如唐张怀瓘的《书断》还特地提到了匾文书法和擅长写匾文书法之人。

叶昌炽的《语石》亦颇具代表性，兹录如下：

一曰题榜，其极大者曰擘窠书。魏韦伸将悬凳题凌云台榜，比讫，须眉皆白，至垂以为戒。然汉魏刻石绝少。晋"灵崇"二字，世称葛洪

① 董诰,阮元,等.全唐文:卷864[M].北京:中华书局,1983:9058.
② 赵彦卫.云麓漫钞:卷二[M].北京:中华书局,1996:31.

书,亦相传云尔。云峰山郑道昭所题字,如"白云堂""青烟寺"之类,庶几其滥觞欤?唐颜平原、李少温皆以此擅场。茗溪之"浮玉"字,青原之"祖关"字,临桂之"逍遥楼"三字,皆鲁公书也。吾吴虎邱"生公讲台"四篆字,及括苍之"倪翁洞""黄帝祠宇"两石,不题书人姓氏,相传以为阳冰笔。此体摩崖者多,勒碑者少。唐宋以下,崖壁题名之处,一亭一石,往往赐以嘉名,而大书深刻于石。吾乡栖霞尤多题壁,大字如"白乳泉""试茶亭",周应合《建康志》已著录,则其迹古矣。此外惟"霞城"二字,署休阳范櫹书,又如"碧鲜亭""迎贤石"之类皆无题识,又有大字在上,即记游踪其下,如蜀之"颐神洞"三大字,下为赵彦櫹题名。临桂之"平亭"二大字,下为李訦诗,诸山题名类此者到处有之。宋时武溪深碑阴,有子瞻书"九成台"额,琼州有"浮粟泉""洞酌亭"亦苏书,嵩山有蔡元度书"达摩面壁之庵"额,米元章书有盱眙"第一山"三字,无为州有"宝藏""墨池"两石,京口鹤林山有"城市山林"四字,皆名迹,然经后人重摹者多,未必庐山真面。①

该文从考据学的视角,对清代存世的一些唐宋石匾进行胪列,对匾额书法文化进行了深入研究,有一定的价值。

曾有人言道:无颜不匾、十匾九颜。匾额正文的字体除了颜体外,非常丰富,真、草、隶、篆、行,变化多端。到了清朝,由于官方尤其是清代帝王对匾额的倡导,匾额十分盛行。康熙皇帝曾自述赏赐御书的情况:"所临之条幅手卷,将及万余,赏赐人者,不下数千。天下有名庙宇禅林,无一处无朕御书匾额,约计其数,亦有千余。"②在书法上,清代由帖学转向了碑学,"嘉、道以还,帖学始盛极而衰,碑学乃得以乘之。……金石之出土日多,摹拓之流传亦日广,初所资以考古者,后遂资以学书,故碑学之兴,又金石学有以成之也。"③清代匾额书法表现出雄浑朴茂、刚健婀娜的特色,为历代所未有。更

---

① 〔清〕叶昌炽. 语石　语石异同评[M]. 柯昌泗,评,陈公柔,张明善,点校. 北京:中华书局,1994:374 - 375.

② 〔清〕玄烨. 圣祖仁皇帝庭训格言[M]//《文渊阁四库全书》影印本. 第 717 册:655.

③ 马宗霍. 书林藻鉴　书林纪事[M]. 北京:北京文物出版社,2003:192.

有汉、满、蒙、回等多种语言呈现在匾额之上。

而匾额款识的字体,则是随正文的变化而变化的。一般情况下,如果正文是草书或行书,则款识可采用与正文相近或相同的字体;如果正文是真书、隶书、篆书,则款识采用比较活泼流畅的字体,如行楷、行草等。

作为整座建筑的重点装饰和视觉中心的匾额,书法必须与建筑整体风格相协调。首先要字体大笔画粗,饱满缜密,具有巨大的视觉冲击力。如此才利于远观,在高大建筑物的映衬下更显大气。其次要严格方正,体现出严格的秩序性和严肃性。它不同于文人士大夫案头雅玩之作的随意与闲适,而是更强调"稳实而利民用"的明确而实用的目的。在这个前提下,书法家主体精神和个性的张扬必然要退居其后,否则难以符合环境美学要求,不利于烘托使用者所要表达的庄重典雅、正大堂皇的气氛。环境也就是展示空间的变化对字体、书风、创作方法及审美观念的影响是巨大的,做到了与环境亲和无间,榜书大字便获得了无穷的魅力和永恒的生命力。

第三节　匾额的雕刻艺术

一方匾额是否精美,刻工十分重要,能否充分地体现出书法家写出的书法字体其软笔的弹性和笔毛柔韧划痕的力度及枯笔、飞白、过渡虚实等,能否传达书法的神韵,是否生动形象,与雕刻者的功夫息息相关。"牌匾的刻字抓住了笔意的精髓,理解得到位,表现了软笔的弹性和力度,使笔锋体现得惟妙惟肖,十分传神。"①当代著名书法家、中国书法家协会原副主席旭宇先生,曾如是评价雕刻艺术家王志和先生的作品。我们认为,这也应当成为匾额雕刻的评价标准。匾额的雕刻,是运用工具"趟"出来的,雕刻者要根据制作要求,其深度和厚度,棱、角、边、沿、底角等都十分讲究,需运用刻、凿、

① 寇学臣.金刀石夫四十年——记著名书法家、刻字艺术家王志和[N]//河北工人报:文艺周刊,2011 – 07 – 02。

挖、铲、削、剔、刮、划、抢等不同刀功,视作品的要求而特殊对待和处理。

匾额的雕刻艺术,分为阴刻、阳刻、阴阳刻三种。阴刻,是将笔画内的东西运用刻刀的剎刀、切刀、抢刀、划刀,掘、凿、挑除,以圆口刀、圆弧刀为主;阳刻,是将字体笔画以外的质底凿、铲清除,以方口刀、斜口刀为主;阴阳刻是沿字体笔画边缘以切刀、划刀、剔、挑为直沟槽或斜沟槽,以角刀、斜口刀、平口刀为主。其中技术含量高、最能考验雕刻者功力的是阴刻,字体笔画的弧形、抑扬、交错、比例、转势、枯笔、飞白、过渡虚实等,都要靠雕刻者的刀工技法来体现,且要有凸起的视觉,是书法的立体创作表现。

首先,雕刻者要忠实原作,使书法的神韵得到体现。雕刻者除要具有深谙书法和继承传统刀法的优势外,还要把握书法涨墨、飞白的夸张,引线流畅,笔锋感强,过渡虚实,抑扬交错起到画龙点睛的效果。字体笔画的弧度、笔画的粗细、字体比例的把握和清理字底粗细不均的 N 厘米的字体笔画,既能使刀笔天工灵之气脉发挥得浑然潇洒,得体大方,弧线流畅,又能使雕刻者持刀的高超技法得到充分体现。

其次,可以借鉴中国书法精髓的纯艺术的艺术技巧,为我所用,不断扩大表现力,体现艺术意蕴,使雕刻技艺融会贯通、烂熟于心、一挥而就,这才是刻字艺术家在艺术传达中的最大技巧。匾额的雕刻技艺,要在实际操作中慢慢揣摩,不是一朝一夕可练就的,需要耐心、恒心和毅力。这或许就是当代大力提倡"工匠精神"的原因吧。

第四节　匾额的纹饰艺术①

1. 匾额纹饰从清代至民国的演变特征

传统装饰图案作为一种艺术形式,同样也是人类思维和意识形态的反

---

① 本节内容系刘茜所写,参见其本科毕业论文《匾额纹饰研究》,景德镇陶瓷大学,2018.

映,必然有一个发生、发展的过程。装饰纹样是在社会发展、历史变迁的过程中,经过文化的堆积发酵出来的抽象的符号①。会昌客家匾额纹饰构造精巧、构思独特,是祥瑞的代名词,传达了赣南客家传统匾额艺术的独有思想和文化精髓,也成为赣南客家风俗文化的重要组成部分。清代至民国时期匾额上的各式纹样,以象征安康幸福的图形为主,大都是花鸟、祥瑞动物的图案以及寓意丰富的符号。此时纹饰已经进化为一种寓意祝福、祥和的表达方式,很多的文化典故相融合,进而得到了有利的发展。自然界中很多本来就存在的动物,都得到了形象的转化运用。很多单纯的符号概念,也因儒家思想的普及,得到相似的转化理解。通过对比与分析,可以总结出清代、民国时期客家匾额装饰图案的主要特点有三点:

清代早期,会昌客家匾额装饰图案较为单一,基本上是以花卉、瓜果等植物类题材为主要内容,辅以简单的几何纹、寿字纹或器物纹,对匾额的边框进行装饰。例如:"乡评望重"匾、"登科"匾、"松节桂枝"匾、"仉母嗣芳"匾、"嘉宾"匾、"辟雍硕彦"匾、"少府"匾、"进士"匾、"成均妙龄"匾等,均是将花草纹置于匾额上下左右四个边框的中间位置,有牡丹、梅花、菊花、兰花、瓶花、寿桃、萱草、卷草、缠枝花等题材。植物纹样造型简洁却姿态优美,贴近大自然,充满生活气息。另外,有部分匾采用回纹、黻纹、曲带纹之类的几何图案装饰,例如:"佐理圣朝"匾、"登科"匾、"陶柳母范"匾、"进士"匾、"芹宫毓秀"匾、"成均妙龄"匾等,还有部分匾则采用由文字变形而成的符号性纹样,典型的有"寿"字纹和"万"字纹。

清代晚期,会昌客家匾额装饰的植物纹样依旧广泛使用,但是咸丰年之后,出现了内容较为丰富的动物纹样。清代早期,有一些匾额装饰会使用相对简单的动物题材,例如最常见的蝙蝠纹,还有蝴蝶纹和花鸟纹。咸丰四年的"璧水耆英"匾,出现了装饰精美的龙凤题材图案,"双凤朝福"和"双龙朝寿"的组合图案。从此之后,动物纹样开始流行起来,之后陆续又有了较为复杂的喜鹊望桃图、福(蝙蝠)禄(鹿)寿(桃)图等。例如:"齐眉衍庆"匾、

---

① 田瑶.艺术设计视角下的赣南客家匾额文化研究[D].赣州:赣南师范学院,2015.

"梁孟齐芳"匾、"婺耀芹宫"匾、"百岁"匾、"坤德偕贞"匾、"鸿案周甲"匾、"宝婺星明"匾、"萱荣北堂"匾、"椿荣杖国"匾等。

发展到民国时期，会昌客家匾额装饰图案已经基本上是采用具有吉祥寓意的动物纹样进行装饰，辅以单一的花草植物纹、文字或几何纹样。可以看出，此时期的匾额装饰图案不仅造型优美、形态生动，而且是表达百姓祈福纳祥愿望的祥禽瑞兽图案，除了继承前朝已有的"双凤朝阳"、福（蝙蝠）禄（鹿）寿（桃）图之外，还增加了灵动活泼的"双鹿捧桃""鹿鹤同春"等。另外，在会昌百匾堂所展示的35方民国匾额中，只整理出9方饰有图案装饰的木质匾（其余大多为素面），其中有8方均采用祥禽瑞兽图案，并且装饰风格趋于形式化，这8方包括"年高杖国"匾、"德种桂兰"匾、"耆英拔萃"匾、"文名显达"匾、"培植菁莪"匾、"寿域兰香"匾、"三星同聚"匾、"福备三多"匾。

总之，会昌客家匾额的装饰纹样是为完善和美化匾额而存在的，是具有丰富的吉祥内涵并且富有装饰性的祥瑞符号。清代至民国时期的装饰图案内容丰富、题材多样、形式优美，生动活泼。清代早期，继承前朝的以花卉植物为题材的装饰风格，随时代发展，晚期陆续出现了一些动物纹样。民国期间的装饰基本上都是采用富有吉祥寓意的祥禽瑞兽题材纹样。

通过对匾额实物的对比观察和相关资料的查阅考证，结合时代背景，试分析清代至民国时期，会昌客家匾额的装饰题材产生变化的原因。

我们认为，匾额纹饰的装饰变化可能与社会现状和人们心理需求有关。首先，清朝初期，农业、手工业、商业得到极大发展，到乾隆时期出现了全国普遍的繁荣。但是在19世纪40年代，鸦片战争爆发，打了了中国的大门，此后的中国人民受着封建主义和帝国主义的双重压迫，社会状况直接影响人们的生存状态，从而改变人的心态，并在生活中表现出来。正是由于战争频发、社会动荡，人民越容易在惶恐不安时代下对幸福美好生活产生无限的向往。这种情感愿望自然而然地会从生活的方方面面表现出来，匾额上图案装饰题材的变化就是一个典型的例子。清代早期和中期出现的大量花卉、瓜果植物题材无疑是在表达对现实生活的热爱和美好祝愿，但与动物相比，植物的生命力远没有动物的强。到清代后期至民国,人们选择直接将几种吉祥元素组合在一起,形成指向性明显、寓意吉祥的组合图形,如双凤朝福、双龙朝寿、福(蝙蝠)禄(鹿)寿(桃)图等,还有一些直接采用吉祥寓言故事的题材,如喜鹊望桃、双鹿捧桃、鹿鹤同春等灵活生动的形象,表达心中强烈的愿望,祈求社会安定、人民生活幸福以及对美好生活的向往和企盼。

2.匾额纹饰对匾文内容的适应

匾额上的纹饰是和内容紧密相连的,很少以单独的形式出现,同时,依匾额悬挂的位置、使用者的不同职业身份,纹饰题材也会各有不同。现将会昌客家匾额根据其匾文内容、功能用途及悬挂位置的不同分为五类,又从中挑选出44方具有装饰的匾额,其中善德名望匾8方、科举功名匾9方、慈贤节孝匾3方、祠堂宅第匾2方和寿辰祝福匾22方,通过对比不同题材的装饰在各类匾额上的分布情况,以此探究会昌客家匾额装饰图案在不同类别匾上的应用分析。

表9 会昌客家匾额不同装饰题材在不同类别中的次数统计表

类别＼装饰题材	神话历史人物类	祥禽瑞兽类	花卉瓜果类	文字符号类	器物类
善德名望匾	0	3	3	2	0
科举功名匾	0	2	7	6	2
慈贤节孝匾	0	1	1	2	3
祠堂宅第匾	0	1	2	2	0
寿辰祝福匾	4	17	13	11	4
合计	4	24	26	23	9

通过上表的统计,得出以下结论:

(一)据统计,祥禽瑞兽题材在匾额装饰中一共出现了24次,是目前为止运用数量最多、最常见的一个类别,尤其是在寿辰祝福匾上最能体现。自古以来,客家人就以坚忍不拔、吃苦耐劳、生存能力强的形象出现。这可能受到客家先民常年背井离乡的迁徙经历影响,他们为了远离中原战乱、瘟疫,颠沛流离、举家南迁,渴望寻找一处宁静的地方休养生息、重建家园。迁徙过来的客家人是要在环境恶劣的山区生存的,必然要与大自然的凶猛野兽斗智斗勇,久而久之,这些动物的形象深深地印在了心中,经过发展演变,形成带有主观愿望的装饰纹样。并且,客家人认为自然界中,动物的生命力是最强的,而人类的"寿"就是生命力的象征。动物纹样与"寿"文化的结合,形成了会昌寿匾普遍用寓意吉祥的动物纹样组合成的图案装饰。

(二)花卉、瓜果题材和文字符号题材分别出现了 26 次和 23 次,在匾额装饰上运用相对较广,几乎每一类匾额上都能找到这两种题材的身影,并且装饰覆盖面积也大。它可以作为衬托人物、动物图案的辅助纹样出现,也可以单独用作主体装饰匾额。与人物、动物题材相比,植物、文字符号题材的适用面更广,造型更加简洁,所以比较受欢迎。同时客家农耕文化发达,选用生活中常见的荷花、菊花、兰花、竹子、葡萄、石榴等作为装饰,表现客家人热爱生活、贴近自然的生活品质。客家人有尊老优老的优秀品质,数量众多寿辰祝福匾可以感受到对"做寿"的重视,在寿匾中运用寿字纹,能够最直接、最贴切地表达对受匾人的祝福。

(三)虽然神话历史人物题材运用的数量较少,只有 4 次在寿辰祝福匾中出现,但是这类题材装饰的工艺要求较高,所以相对其他类别更加精美。一般来说,人物题材不会在匾额中单独出现,若需用到,一定是处于边框的中间作为主纹,旁边则有相应的其他纹饰为其衬托点缀。例如"德种桂兰"匾,上框中间饰以"双凤朝阳",下框中间饰以"双鹿捧桃",左右框中间饰以"魁星点斗",四角饰以蝙蝠纹。

总的来说,对装饰题材的选择并没有严格的规定,只是制作者根据匾文内容、个人喜好和时代审美来选择图案、安排布局,久而久之,在整体上风格趋同,但不同类别的匾又有些许区别和差异。会昌客家匾额装饰纹样丰富,题材贴近生活,常用自己熟悉的事物来表达对美好未来的向往与祝福,所选择的装饰图案都是日常生产生活实践中接触过的动植物,如蝙蝠、龙、凤、花卉、果实等。勤劳淳朴的客家人坚信他们能接触到的自然中的万事万物都是带有灵性的,它们与人的情感相近,意识相通,从而赋予了装饰图案各种含义。

3.匾额纹饰的文化意义

人们的生活状态与理想追求可以通过外在的载体表现出来,这种载体可以是具体的实物,例如建筑、器皿、服装等,也可以是抽象的思维,例如风俗、习惯、语言等。客家人追求安定和谐的生存环境,匾额纹饰中以吉祥题材最为常见。如祥禽瑞兽、花木瓜果、神话故事等,大量装饰精美的寿辰祝福匾也可以反映客家人对生命的崇拜和尊重。

从会昌客家匾额的边框装饰中可以看出,"吉祥如意"一直贯穿客家人日常生活的始终。最常见的纹饰诸如鹿鹤同春、喜鹊望桃、双鹿捧桃、福禄寿禧等祥禽瑞兽纹,运用广泛的花果植物纹等,还有几何纹、万字纹、回纹之类的文字符号和历史故事、神话人物或器物等,在这些雕饰图案中经常看到的都是会昌客家先民选用生活中常见且生动美丽的动物、植物或文字符号等用在匾额装饰上,从而反映了客家人对五谷丰登、生活富裕、幸福长寿、四季平安、子孙满堂、婚姻美满以及对美好事物的殷切希望。这些寓意吉祥的匾额装饰都是客家民众对吉祥的深切渴望,广泛使用于客家民居上,世代传承地得以保存至今。

"吉祥"本意为美好的预兆。《说文解字》中对吉祥的解释为:"吉,善也……""祥,福也,从示羊声,一云善。"[1]在古人心中吉祥代表着善与福,是一种美好的征兆和象征。一直以来,客家人极其推崇吉祥文化,在生活中各方面追求趋吉避害、尽善厌恶,以求得到心灵的慰藉。所以不难解释,客家匾额在匾文内容和装饰图案等方面,都直接或间接地表达出对吉祥的祈求。

---

① 〔东汉〕许慎.说文解字注[M].〔清〕段玉裁,注.上海:上海古籍出版社,1963:7.

对匾文内容的构思,常用"康强逢吉""福备三多""福衍椿庭"这类字眼直接表达对他人的吉祥祝福。虽然吉祥图案的表达与吉祥文字相比也许远没有吉祥文字来得直接,但图案的形象生动和直白性使得它更容易为普通的民众所熟知和认可,它的形象逼真使其更加具有亲和力,更能走进普通民众的日常生活中。

第五章　匾额习俗的价值

匾额作为一种重要的文化载体,其身上反映了丰富的文化信息,但凡一时一地的政治、经济、文化、艺术、民俗民风等无不有所体现,为我们研究地方文化提供了活生生的素材和范本。正所谓"以匾研史,可以佐证;以匾研诗,可得诗眼;以匾学书,可得笔髓"。

匾额是中华民族独特的民俗文化精品。几千年来,它把中国古老文化流传中的辞赋诗文、书法艺术、雕刻艺术、建筑艺术、纹饰艺术融为一体,集字、印、雕、色之大成,以其凝练的诗文、精湛的书法、深远的寓意,指点江山,评述人物,成为中华文化园地中的一朵奇葩。

第一节　历史文献价值

"文献"一词,最早见于《论语·八佾》:"夏礼吾能言之,杞不足征也;殷礼吾能言之,宋不足征也。文献不足故也。"南宋朱熹《四书章句集注》认为:"文,典籍也;献,贤也。"所以,这时候的"文"指典籍文章,"献"指的是古代先贤的见闻、言论以及他们所熟悉的各种礼仪和自己的经历。《虞夏书·益稷》也有相关的引证说明"文献"一词的原意是指典籍与宿贤。

宋代马端临《文献通考》中将文与献,作为叙事与论事的依据:"文"是经、史历代会要及百家传记之书;"献"是臣僚奏疏、诸儒之评论、名流之燕谈、稗官之记录。在他的影响之下,关于文献的认识,便只限于一般的文字记载,不能表达为文字记载的东西,则不能称之为文献。

随着社会的发展,"文献"的概念已发生了巨大变化。除了泛指古籍外,近人把具有历史价值的古迹、古物、模型、碑石、绘画等,统称为"历史文献"。1984 年中华人民共和国国家标准《文献著录总则》关于"文献"的定义是:"文献,(是)记录有知识的一切载体。"①在这一定义中,有两个关键词:"知识"是文献的核心内容,"载体"是知识赖以保存的物质外壳,即可供记录知识的某些人工固态附着物。也就是说,除书籍、期刊等出版物外,凡载有文字的甲骨、金石、简帛、拓本、图谱乃至缩微胶片、视盘、音像资料等等,皆属文献的范畴。

赣南客家匾额多为拜求高官要员、社会名流和文人学士题写的,这些匾额为研究民间匾额与中华传统文化的密切关系提供了重要依据,具有重大的史料价值和文献价值。从某种意义上来说,一方匾额,就是一份珍贵的文献。一方面,匾额的上下款中涉及大量官制名称,我们可以借此考证中国古代社会的科举制度和职官制度;另一方面,从赣南客家匾额题匾人与受匾人的相互关系考察,充分反映了明清乃至民国时期赣南客家乡村基层社会治理的关系,为研究地方政府与乡村士绅对乡村社会实行族权、绅权、官权共治乡村,互为影响的关系,提供了绝佳的素材;同时,许多匾额本身就是重大历史事件的记录,具有佐证历史的作用。匾额这种文献,对我们研究古代文书制度、封赠制度、官吏制度、地方行政制度,提供了可以参考的实物资料。

---

① 黄俊贵.文献著录总则[M].北京:中国标准出版社,1984 - 04 - 01 :1

第二节　社会价值

马克思曾说:"人的本质不是单个人所固有的抽象物,在其现实性上,它是一切社会关系的总和。"①这一著名论断,包括对于人的生存状态及人的自由和解放的深刻的价值看法。这既体现在它为批判压迫和束缚人的自由个性的社会关系提供价值尺度,更体现它为人们追求和创造合乎人的自由个性的社会关系奠定价值支点。从这个意义上说,人的社会性更应引起人们的关注。赣南客家匾额习俗作为一种重要的社会化活动,具有重要的社会价值,通过树立榜样、激励先进来规范人的行为方式,增进人际和谐。匾额习俗的社会价值,主要有以下几个方面:

1.树立人格理想。匾额原意"署户册之文也",虽以建筑物为载体,却以彰显人的精神理念为核心。随着习俗的发展,匾额已不单单是建筑的装点,更是一种文化生命的符号,象征着匾额主人的品格与理想,以人内在的精神力量与外在的建筑特色和谐地统一起来,达到精神与物质的完美融合。因而,在今天,人们书斋中也能见到警醒自勉的警句匾,鞭策人们发奋图强,继往开来。

2.增进人际和谐。在人际交往中,自古以来,凡有寿筵庆贺、进士高中、祠堂落成,表彰贤孝,往往赠送匾额,以表祝福之意。保护和研究这些民众的匾额,并在全社会倡导和恢复匾额蕴含的"和谐"文化,有利于敦宗睦族,弘扬孝道。有利于启迪后人,催人向上,更有利于维护家庭、宗族和整个社会的稳定。

3.提升社会道德。中华民族自古的传统,便是重精神境界而轻物质享乐,久而久之匾额习俗便在这种精神催发下应运而生,赠送匾额比物质嘉奖

---

① 马克思,恩格斯.马克思恩格斯选集:第1卷[M].北京:人民出版社,2012:135.

更能肯定人的品格与贡献。匾额在人精神信仰中的崇高位置,以匾额贺送、感恩成了人际往来时最为珍贵而纯洁的赠品,同时也自然而然地加强了人与人之间交往的和谐。比如"德溥乡邦""励洁明干""陶柳母范""历霜愈坚"等,标榜和称赞了受匾人的嘉言懿行与优秀品德,对于教育和启迪后人继承发扬先辈的优良品德,仍然能够发挥潜移默化的作用。

4.加强华人团结。近年来,随着我国改革开放不断深入和对外开放的不断增强,全球华人寻根热潮的兴起,纷纷来大陆寻根问祖。许多大陆宗祠恢复,族谱续修,丢失的祠堂匾额正在重新寻找之中。赣南客家匾额对于加强中华民族的向心力、凝聚力,对于客家人的大团结,对于早日实现统一大业,都会产生巨大的促进作用。

第三节　民俗价值

　　赣南客家匾额习俗,是赣南当地客家人因聚族而居逐步形成的一项重要的民俗活动,从规制到升匾仪式,有一套严格的程序,形成了择吉日良辰、定匾、游匾、请匾、祭匾、拜匾、升匾、呼赞、撒粮米、揭匾、赴宴等独特严密的程序,具有很强的民俗性。

　　具体而言,从匾额的制作来看,匾额有严格的规制,对其尺寸有严格的要求,不能随意制作。一般来说,匾额的尺寸要符合鲁班尺的要求。鲁班尺全长50.4厘米,分为八格,依次为"财""病""离""义""官""劫""害""本",每格6.3厘米,各分为四小格,各标上不同的吉凶应语。赣南民间制匾,一般逢"财""义""官""本"为吉。过去民间制匾大多采用的形制为,长198~201厘米,宽64~66厘米。这是符合鲁班尺的尺寸要求的,被公认为是最好、最吉利的尺寸。

　　从匾额的行文来看,也有很严格的要求。其上下款的款识行文一般要过"小黄道",即挑选一些字眼循环往复,选取其中的吉祥字眼,上款要过

"富、贵、贫、贱"的黄道,多取"富、贵"二字为吉利;下款过"生、老、病、死、苦"的黄道,多取"生、老"二字为吉利。这体现了勤劳智慧的客家人有趋利避害、逢凶化吉的历史传统。

升匾作为宗族里的大事,参与人数之多,影响范围之广,仅次于祭祀和接谱习俗。且升匾活动涉及祭祀、择吉、呼赞和人际交往,其祭仪之繁复,祭品之丰盛,场景之肃穆,远非一般民俗活动所能比拟。

赣南客家匾额习俗,凝结了勤劳智慧的客家先民崇文重教、尊老敬亲、敦宗睦族的精神特质。匾额从制作到升匾,具有极强的民俗性,为我们研究民间活动组织以及民间祭祀、民间宗教信仰等,提供了鲜活的素材,有极其重要的民俗性,具有不可替代的民俗学价值。

第四节　艺术价值

制作精良的匾额,大多是艺术精品。赣南客家匾额习俗的制匾大师仍然坚守传统的制匾技艺,因此,一方方匾额还具有一定的艺术价值。

1. 书法艺术价值。在书法艺术的珍卷中,自然少不了匾额的一席之地。没有优秀的书法就无法成就一方出色的匾额。书法自诞生后,千百年来一直集实用与审美于一体、融生活与艺术于一身。它在日常生活应用中诞生,诞生后又一直应用于日常生活,应用于国家的政治生活、百姓的社会生活和文人的文化生活。但自 20 世纪以来,随着社会的转型、文化的变革,特别是数次书写工具的变化,书法的实用性大大减弱,渐渐脱离了人们的日常生活。因此,赣南客家匾额往往身携墨宝,久而久之也成为书法艺术的珍贵载体,将一些宝贵的字迹代代流传了下来,使得后人能够继续欣赏到当年名家的手笔。赣南客家匾额习俗对于保存和传承当代书法艺术的作用是不可低估的。匾额中所保留的书法艺术,贵在生活之用,在日常应用中显其美、张其力,其艺术性和生命力均在应用中得到体现。

2.雕刻艺术价值。另一项在匾额上直接体现的艺术形式便是雕刻。大多数精美的匾额,其四周有许多艺术雕刻,如花卉、人物、瑞兽、珍禽等精美的浮雕,而这些雕刻的内容往往又反映了古代的民俗,以雅传俗,以俗映雅,可谓珠联璧合。匾额上的制作工艺,雕刻精湛,丹漆锃亮,饰金粉银,综合了中国雕刻、漆艺、贴金等的手工技艺之精美。

第六章　升匾仪式

第一节　题匾要求

　　题匾,作为一种独特的表彰方式,由来已久。在叙述题匾的要求之前,我们有必要回顾一下旌表这种制度。旌表最早出现于《尚书·毕命》:"旌别淑慝,表厥宅里;彰善瘅恶,树之风声。"[①]《辞源》收录了"旌表"一词,对其所下的定义为:"表彰。……自汉以来,历代王朝,提倡传统礼教,对义夫、节妇、孝子、顺孙,常由官府立牌坊,赐匾额,称为旌表。"[②]可见,从汉代以来,匾额就与旌表制度密不可分。

　　关于何人能够获得题匾旌表,《后汉书·百官志》有详细的记载:"凡有孝子顺孙,贞女义妇,让财救患,及学士为民法式者,皆扁表其门,以兴善行。"[③]应该说,后世基本上沿袭了这种题匾的旌表制度。但凡孝子贤孙、贞女节妇、急公好义、仗义疏财等能够作为榜样的,都可以题匾以旌表。

---

① 顾宝田,洪泽湖. 尚书译注[M].长春:吉林文史出版社.1995:379.
② 商务印书馆. 辞源[Z]. 北京:商务印书馆,1979:1392.
③ 〔东晋〕司马彪. 后汉书志:第二十八[M].北京:中华书局,2001:3624.

这是国家旌表的基本要求。其目的,很显然在于通过旌表的教化功能,达到治理的目的。对此,《册府元龟·旌表部一》有十分详细的记载:"王者甄明高义,显异至行,所以激扬风化敦率人伦也。盖天下至大,士民至众,不可家喻而户晓,故显其忠所以励事君也,褒其孝所以劝事亲也,尊贤者所以从善也,表烈士所以兴义也。或授之爵秩,或禄其子孙,或旌其门闾,或赐以谷帛。以至复其征赋,申以祠祀,皆因事以立教,奖一而劝百,故能述宣王度丕变薄俗,民德归厚,有耻且格。盖上之行化速于置邮,下之从风易如偃草,由斯道矣。"[1]统治者通过自上而下的旌表,对移风易俗、醇厚民俗具有重要的作用,上行下效,就很容易形成风气。而在民间,国家的这种旌表制度也有所体现,民间通过赠送匾额来激励先进,启迪后人,这就是赣南客家匾额习俗得以形成、发展的基础。

在赣南客家民间,升匾是一件极其严肃的大事。为此,各个姓氏对于升匾都作出了相关的严格规定。有的姓氏还把这些规定印在族谱上,告示族人必须遵守,不得违反。其规定大致是:年龄在 80 岁以上(含 80 岁);夫妻圆满 60 年;兄弟合计 300 岁;获得教授职称或博士学位的;县(团)级及县(团)级以上职务;对宗族贡献特别大的,等等。凡以上几种类型之一者,如儿女孝顺,子孙满堂,方可在祠堂内悬挂一块木制的匾额。

第二节　升匾仪式

赣南客家匾额的题写、制作与悬挂具有很强的民俗性,从规制到仪式都有一套完整的程序。

1. 择吉日良辰。升匾作为一项严肃的民俗活动,素有趋利避害、逢凶化吉传统的赣南客家人,但凡升匾活动,普遍要请择日大师择吉日良辰,并举

---

① 〔北宋〕王钦若,等. 册府元龟:旌表第一[M].北京:中华书局,1960:1653.

行隆重的仪式。择吉日良辰十分重要,赣南客家人追求要有好兆头,但凡升匾、建房(含动土、上大门、上梁等)、婚丧嫁娶等重要红白喜事,都要择吉日良辰。直到现在,在赣南客家地区,这种习俗仍十分盛行。

2.定匾。即定制匾额。匾额制作工艺复杂,一般要到专业的店铺去定制,并详细告诉店主匾额内容、形制和迎接匾额的时间等。匾额上的几个大字及有关小字,过去都是有一定社会地位和名望的文人学士或书法家负责书写,现在一般由店主负责。进入新世纪以来,电脑雕刻省时省力,价格相对更为实惠,受到文化程度不高的农村群众的欢迎,正日益冲击制匾这一传统手工技艺。目前,会昌县城萧天长师徒的龙腾广告店和西江雕刻厂规模比较大,其余各乡镇也有不少从业人员。

3.游匾。在悬挂匾额的当天一大早,升匾的宗族(或人家)就得敲锣打鼓,派人去店里把匾接回来。整个宗族的老辈(60岁以上的)及本房的叔伯兄弟欢集一起,共同见证这一盛事。吉时一到,就由两个年轻的后生抬着匾

额,走在队伍最前头,一路上,锣鼓声、唢呐声、鞭炮声响彻云霄,整个队伍浩浩荡荡,从村头游到村尾。或从制匾的店铺,游到祠堂所在地。所过之处,无论大人小孩,都争先恐后地走出来观看这一热闹场景。全村游一大圈后,就将匾额放在祠堂前的桌子上。如果祠堂竣工,本姓氏其他支系的宗亲会送匾祝贺,场面很壮观。

4. 请匾。将匾从大门口抬至神案处,鸣炮,木匠师傅进行请师仪式,祭拜鲁班先师。鲁班先师是木匠师傅的祖师爷,但凡涉及木工行当,均十分敬重鲁班先师。举办升匾活动,尤其是祠堂竣工暨升匾活动,一般要在祠堂外用八仙桌搭一个鲁班先师坛,上安置鲁班先师神位和香烛、果品等。木匠师傅或者礼生行三跪九叩大礼后,要杀鸡祭祀和宣读告文。

5. 祭匾。请屠夫在祠堂内宰杀肥猪,将猪血抹在匾额四个角上,称为"杀猪祭匾"。同时要拜祭天地、门神。祭天时,是在祠堂前空坪前方正中位置举办,有时也与祭鲁班仙师一起祭祀。土地神的神位,一般设置于祖先神位牌的左侧;大多是神案下方靠墙中间,门神神位则位于大门左侧,起着看守祠堂、庇护族人的作用。这时,请来的当地吹鼓手开始鼓乐齐鸣,整个宗祠洋溢着热闹气氛。

6. 拜匾。到了拜匾环节,东主或者祠堂理事会请来的本姓氏礼生,就要登场主持了。东主在礼生的引导下,进行拜匾仪式。拜匾仪式可简单,可繁复。简单地说,就是对着匾额行三跪九叩大礼即可。如要繁复些,则可在礼生的引导下,行三献礼。一般视场地、财力和时间而定,或繁或简。

7. 升匾。又称"钉匾"。客家人认为"升"有高升发财的寓意,因此多用升匾。事先将匾额的两头系上长长的绳子,站在两边楼梯上的人同时用力,将匾额慢慢地往上升,按事先安排好的位置,把匾额固定悬挂在祠堂的橼子上。每上一级楼梯,大多情况下应由礼生或长者唱赞,同在悬挂匾额时,锣鼓声、鞭炮声、唢呐声响彻祠堂内外,震耳欲聋。如有多方匾额,则务必在吉日良辰内悬挂完成,否则不吉利。

过去,升匾时还要唱《升匾歌》。如年轻人不熟悉《升匾歌》,可由礼生带领年轻人吟唱。两个后生上楼梯前,一般唱:

岩上滴水响叮当,亲朋来到祠堂上。金匾一块,交予东家。烦知客先生,开金口,露银牙,四言八句将匾挂:

西边一朵乌云起,

东边一朵紫云开,

乌云冲散诸凶煞,

紫云驮进号匾来。

昨日喜鹊当门叫,

脚踏云梯步步高,

喜今朝,贺今朝,

脱蓝衫,换紫袍。

唱毕,二人一同上梯子,一同吟唱:

上一步,天长地久,

上二步,地久天长,

上三步,三元及第,

上四步,四海名扬,

上五步,五子登科,

上六步,鹿鹤同春,

上七步,七女成仙,

上八步,八日景象,

上九步,九九流长,

上十步,十全十美,万事吉祥!

唱毕,开始挂匾。一边挂匾,口中继续唱:

寿匾(其他类型的匾额,这里可以改为"金匾")挂得正,富贵不用问。对子挂得全,荣华富贵万万年。

这时两人同时下梯子,重吟以上一至十句《升匾歌》,只是将上字改为下字。待挂匾后生下地,鼓乐大作,鞭炮齐鸣,以示庆贺。

8.呼赞。礼生手执雄鸡,呼赞,祝贺东主。呼赞,在建阳宅动土、上梁、落万年石(即现代的奠基)、安门、请神登位等都有不同的呼法,在内容上和形式上有所不同而已。

9.撒粮米。请家族德高望重的好命人或礼生,捧米盘撒粮米。礼生一边发粮米,一边祝赞。其祝赞词大同小异,都是比较吉利的祝福话语。一般如下:

一发东方甲乙木,儿孙代代食官禄。

二发南方丙丁火,子孙代代早登科。

三发西方庚申金,儿孙代代斗量金。

四发北方壬癸水,代代儿孙常富贵。

五发中间戊己土,代代儿孙生贵子。

一祝千秋多富贵,二祝金玉满华堂。

三祝人财两旺盛,四祝代代早封王。

五祝良田千万顷,六祝积谷万石仓。

七祝牛马满山冈,八祝代代出宰相。

九祝首登龙虎榜,十祝金鸡对凤凰。

大吉大昌,日吉时良,

完工以后,丁财贵旺。

老年听了增福寿,少者听了添丁粮。

今日听我祝赞后,荣华富贵万年长!

10.揭匾。由本宗族德高望重的好命人揭开盖在匾额上的红布。鸣炮,礼成。好命人,一般是指儿女双全、父母健在、子贤媳孝的人。这样的人,在农村备受敬重。

11. 赴族宴。当天中午,本宗祠理事会成员、本房系的叔伯兄弟及兄弟房系的代表,大家欢聚一堂,开怀畅饮,共同祈求祖先保佑、挂匾大吉、人丁兴旺、吉祥如意!

第三节 升匾仪式实录

在赣南民间,升匾是一件十分重要的事情。2014 年 11 月,由会昌县申报的赣南客家匾额习俗,被国务院列入第四批国家级非物质文化遗产代表性项目名录。作为一项国家级非遗项目,赣南客家匾额习俗一直在赣南民间活态传承,为了便于理解该习俗的全貌,我们深入田野采访,并对升匾仪式进行实录。因此,本书选取了祠堂升挂"博士"匾和祠堂竣工暨升挂堂匾、功德匾两次升匾仪式活动,以供参考。

(一)会昌萧氏祠堂萧艳平"博士"匾升匾仪式

会昌萧氏宗祠坐落在南外街社坛脑西侧,卯山酉向,三栋厅双天井,宽13.4 米,深 35.2 米,占地面积 471.68 平方米。萧氏宗祠原来为萧宾三郎公族所建,萧宾三郎,字子政,宋末元初生于泰和,元至正年间(1341—1368),曾任会昌州学政,子孙遂徙居会昌社坛脑。该祠堂原为二栋厅,始建年代无从查考,是萧宾三郎一系的支祠。1924 年冬,萧宾三郎后裔邀请会昌萧氏宗亲共同重修,出让部分所有权,该宗祠支系成了多族共同所有的众家宗祠,并且由杰公族上堡嗣孙锦华担任总理负责重修,改二栋为三栋厅。新中国成立后,县城各姓宗祠全部收归国有,萧氏宗祠开始作粮食局的下属仓库,后来是汽修厂的车间、仓库。改革开放后,晨光村村民吴家立以购买的方式,对汽修厂(包括萧氏宗祠)实行国有民营。1996 年 4 月 18 日,旅台萧氏贤达萧治中代表 14 位旅台宗亲与吴家立商谈购买旧仓库有关事宜,双方以13 万元房款另加 2 万元搬迁费成交,一共耗资 16.5 万元,其中萧治中一家人捐了 9 万元。然后,他们把购买的汽修厂仓库慷慨地赠送给全县萧姓宗

亲,并捐资修缮。1999 年 10 月 11 日,宗祠修缮告竣,并举行了隆重的祖牌升座典礼。

祠内地面和屋顶均有三个层次,高低有致,意为长幼有别,昭穆有序。宗祠是立柱式砖木结构,青砖厚重,碧瓦鳞比,瓦檐前部和高耸的避火墙头皆为赤金色琉璃瓦,滴水尽盖琉璃瓦,琉璃筒瓦压脊,檐角高翘,金龙欲飞。萧氏宗祠气势恢宏,蔚为壮观。前栋高 7 米,三排门,金黄色石门枋,门页棕色,正中大门额上高悬"萧氏宗祠"大理石鎏金巨匾,边门分别额以"敬宗""睦族"。门廊宽 3.2 米,竖立着一对高 4.75 米的八棱形朱红石柱,柱上镌刻着萧治中撰书的对联:"承前启后,继往开来。"正门有联,联曰:

爱国齐家常思天下忧乐建功立业登麟阁;
敬宗睦族毋忘世代孝悌修文习武振家声。

门前有一对石鼓,玲珑可爱。雕花绣朵的卷棚下,悬挂串串供观赏的大喜炮和朱红大彩球,四周的流苏随风飘动,气氛热烈,喜气盈门。高大的正中门扇上彩绘着一对威武的门神,他们是封神榜上的神祇。李黑虎持双斧,闻太师挥金锏,圆睁环眼,短髭暴张,凛然不可犯,守卫萧氏宗祠,震慑邪魔外道、魑魅魍魉。

祠内高敞明亮,丹柱画梁,白墙红襟。藻井卷棚图画着福禄寿吉祥图案和花鸟人物故事图案。前厅宽 2.8 米、长 5.1 米的巨大天井,前后各有一对八棱形石柱,中厅竖两对圆柱形木柱,上厅设神龛祀祖,左右各有一间正栋间。三栋之间立柱承重,井架斗拱结构,稳固千秋。

前厅迎门石柱横梁上悬挂着萧氏宗祠理事会褒奖族中贤哲萧治中购祠赠祠孝祖敬宗的鎏金匾,文曰:"硕德耆英",有联云:祖先荫庇庆完璧;宗祠重光启后昆。

中厅雕梁上悬挂着历史上的翰林、进士和现代的博士、硕士、将军等 9 方牌匾。每对柱上镌刻着对联,最为醒目的是过去遗留下来的石刻对联:佐沛公封郏侯名世挺生追汉代;官太傅升大将人才辈出溯兰陵。藻井内彩绘着受姓始祖叔大心公,汉代第一贤相萧何,齐、梁朝皇帝和唐朝宰相,真可谓名世挺生,人才辈出,世代簪缨,冠盖如云,体现了萧姓历史上的辉煌,意在激励后人,缅怀先祖,报效国家。

上厅神龛巍峨端肃,正中上方悬挂巨大的"心传堂"金字堂匾,中柱边门额上分别书"入孝""出悌"。中柱上挂着木雕行书嵌字联:心受姓纪周庄祖德巍巍留青史;传会昌始元明宗支绵绵播神州。神龛首排正中,祀奉萧姓始祖叔大心公系下考妣一脉宗亲神位。其余按心传堂世序排列,祀奉772名历代各世考妣神祇,同时供奉42支牌签夫妇长生禄位宗亲。

2016年12月23日,会昌萧氏祠堂隆重举行了萧艳平博士"博士"匾升匾仪式,笔者全程参与了升匾仪式活动,并详细了解了召开理事会及其各项准备工作的细节,兹就本次升匾仪式实录如下:

1.**缘起**。赣南客家匾额习俗的省级代表性传承人萧天长老师,是会昌著名的书法家,擅长写各种大字,尤其精于书写榜书。赣南客家匾额习俗被列入国家级非遗项目名录后,笔者一直找机会要对民间升匾仪式活动进行全程录像,给予数字化保护。笔者时常与萧天长老师谈起数字化保护的问题,萧老师十分支持。2016年的某天,笔者向萧天长老师透露他家族有个萧艳平博士在赣南师范学院(今赣南师范大学)任教,为人谦和,学养宏深,成果丰硕,是我们学习的榜样。萧天长老师时为会昌萧氏宗祠理事会副会长,当即表示,家族出了这样的杰出人才,应该大力宣传,要在会昌萧氏祠堂为萧博士挂一方"博士"匾。届时,邀请文化部门负责全程拍摄,并作为资料永久保存。

2.**召开理事会**。萧天长老师马上联系了会昌萧氏宗祠理事会的会长、副会长、理事等人,建议召开理事会讨论在萧氏祠堂为萧艳平博士升匾事宜。2016年10月22日(星期六)上午九点,会昌萧氏宗祠理事会在会昌小学旁边的萧氏宗祠召开了会议,专门研究为萧艳平博士升匾事宜。会上,萧天长老师介绍了萧艳平博士的基本情况。

萧艳平,中共党员,艺术学博士,硕士研究生导师,江西省宣传思想文化青年英才,江西普通高校金牌教师,赣南师范大学"赣江英才"。现任赣南师范大学音乐学院副院长、江西省高水平本科教学团队负责人。

近年来,主要从事民族音乐学研究,出版著作、教材3部,先后在《中国音乐学》《中国音乐》等学术期刊发表论文20余篇;主持完成国家社科基金、国家艺术基金、教育部人文社科课题各1项,江西省教改课题重点项目2项,参与多部集成志书的编撰工作。曾获江西省教学成果奖一等奖2项等。

会上,会昌萧氏宗祠理事会对萧艳平博士取得的成绩给予了充分肯定,认为家族出了这样的人才,在萧氏祠堂升匾,符合会昌萧氏宗祠理事会的章程,一致认为要按赣南客家匾额习俗的升匾规范开展升匾活动,并由萧天长老师负责制作一方做工精良的纯手工匾额。相关的准备工作,也交由萧天长老师一并负责,出纳萧检有负责后勤保障,联系民间乐队,以及前期的发动宣传。召开会议后,萧天长老师将在祠堂升匾的事宜,告知了西江萧氏宗祠理事会和当事人萧博士,并得到了他们的大力支持。

3. **择吉日良辰**。升"博士"匾,在萧氏祠堂还属第一次,因此萧斌会长请了县里知名的日课师择吉日良辰。初步择在农历二〇一六年十一月二十五日(2016年12月23日)申时。经反复论证,认为这个时辰是黄道吉日,可以举事。于是,经过会昌萧氏宗亲理事会讨论,最终就把日期定了下来。

4. **定匾**。萧天长老师是远近知名的制匾名家,萧氏宗祠理事会就把制匾的任务交给了他,并要求按照制匾的规范纯手工制作一方精美的匾额。萧老师与笔者反复讨论,确定了"博士"匾的内容。正文为"博士"二字,简洁得体。上款为:为萧艳平获中国艺术研究院艺术学;下款为"会昌县萧氏宗祠理事会立,丙申年季冬月"。上下款均分两列排列,上款按照"富""贵""贫""贱"小黄道行文,第一列"为萧艳平获中国艺术",逢"富"字,第二列"研究院艺术学",逢"贵"字,符合赣南客家匾额习俗的规范。下款按照"生""老""病""死""苦"小黄道行文,第一列"会昌县萧氏宗祠理事会立",逢"生"字,第二列"丙申年季冬月",逢"生"字,符合赣南客家匾额习俗的规范。

匾额内容定下来后,又确定了匾额的形制,严格按照鲁班尺的黄道来选取。在选材上,该"博士"匾也颇讲究,选取了上好的陈年杉木,做工精致,工艺精良,体现了萧天长老师作为制匾名家的工匠精神。

5. **接匾**。7:00,接匾。由于萧艳平博士家住赣州,其父母在西江镇石迳村居住,头一天就来到了会昌县城。十一月二十五日(2016年12月23日)7:00,萧博士一家人和西江萧氏宗亲会成员,就来到了会昌萧氏祠堂,整个宗族的老辈(60岁以上的)及本房的叔伯兄弟欢聚一起。待萧天长和民间乐班到来后,出发前往制匾处接匾。一路上敲锣打鼓,十分热闹。这时,民间乐队所奏曲目,与结婚迎亲路上基本相同,都是比较喜庆的曲目,有时也会演奏《走进新时代》《好日子》等曲目,或一些会昌民间小调。萧博士穿戴得体,披上了大红花。制匾的店铺位于滨江路,店铺面朝湘江,离萧氏祠堂不过三四里。

6. **游匾**。7:30,游匾。接到"博士"匾后,由两个年轻的后生抬着匾额,萧博士和萧天长老师走在队伍最前头,一路上,锣鼓声、唢呐声、鞭炮声响彻云霄,整个队伍浩浩荡荡,从滨江路沿着河岸,由南街进入萧氏祠堂。所过

之处,由于游匾这种场景并不十分常见,南街两边的居民、店员,无论大人小孩,都争先恐后地走出来观看这一热闹场景。

7. **请匾**。8:30,请匾。接匾回来后,大家稍事休息。萧天长老师和理事会成员,再一次确定各个流程是否严密。8:30,将匾从大门口抬至神案处,鸣放鞭炮。由于萧氏祠堂已兴建很久,无需再由木匠师傅进行请师仪式,祭拜鲁班先师。

8. **祭匾**。8:40,祭匾。祭匾一般要在祠堂内宰杀肥猪,将猪血抹在匾额四个角上,称为"杀猪祭匾"。同时要拜祭天地、门神。本次升匾仪式活动的祭匾,仅在祖先神位牌前杀鸡祭匾。8:40,在祥和肃穆的氛围中,萧博士的父亲萧金发先生向萧氏祖先敬献小花(雄鸡)。由萧氏宗祠理事会会长萧斌先生宣读匾文。这时,请来的当地吹鼓手开始鼓乐齐鸣,整个宗祠洋溢着热闹气氛。

9. **拜匾**。8:45,拜匾。拜匾一般请本姓氏的礼生主持。本次升匾仪式

没有专门请礼生,而是由萧天长老师代为主持。在他的引导下,萧博士一家进行了简单的拜匾仪式,即对着匾额行三跪九叩大礼。

10. **升匾**。9:00,升匾。升匾,又称"钉匾"。客家人认为"升"有高升发财的寓意,因此多用升匾。9:00,是择定升匾的良辰吉时。吉时一到,两位年轻的后生,开始爬上梯子,同时用力,将匾额慢慢地往上升,按事先安排好的位置,把匾额固定悬挂在祠堂的椽子上。在悬挂匾额时,锣鼓声、鞭炮声、唢呐声响彻祠堂内外,震耳欲聋。

11. **讲话**。9:20,萧氏宗祠理事会请当事人萧博士发表讲话。本次升匾仪式,安排了萧博士和其恩师、会昌中学副校长刘志远老师讲话。9:20,萧博士先发表了热情洋溢的讲话。其讲话文采斐然,很有韵味,特抄录如下:

> 各位长辈、宗长:
>
> 今在祠堂,感念祖先恩德;今在祠堂,浴祖先宏光;今在祠堂,俯首仰望,追古思今,感慨于心。
>
> 萧氏先祖,英才逐浪;大心立国,姓氏发祥;王出齐梁,威仪名扬;大汉名相,青史流芳;昭明太子,文冠万邦;列祖仪德,后世景仰。
>
> 我辈近祖,赓续懿行;曾祖昌芬,树德立人;祖父庆椿,从医救民;心传至善,披荆砺行。
>
> 长宽自出农门,家住石迳,薄田寡收,牧牛伐薪。韶年入学,识字断文,后遇恩师,应律识音。学历渐升,求学京城,先硕后博,终于戊寅。
>
> 长宽天性愚钝,虽沐祖先恩泽,已过而立,仍无过人之本。今悬匾于堂,忝列祠梁,愧赧于心,诚恐诚惶。唯以日后勤勉,不负众望。
>
> 独好会昌,秀丽湘江。我族萧氏,英气飞扬。祈于先祖,再降吉祥。蒙与各族,兰蕙芬芳;萧氏俊才,辰宿列张,世人榜样,万代荣昌。

9:30,刘志远老师讲话。刘老师回忆了萧艳平博士求学时的情景,对他荣获博士学位并在祠堂升匾,表示祝贺。同时,勉励萧博士在学术上多出成果,为家乡作更大贡献。

过去,升匾时还要唱升匾歌。上、下楼梯都要唱。之后是呼赞和撒粮米,礼生一边发粮米,一边祝赞。本着删繁就简的原则,这些仪式,本次升匾活动均没有进行。

12.《会昌萧姓》发行仪式。10:30,"博士"匾升匾仪式后,在会昌萧氏祠堂,萧氏宗族理事会还进行了《会昌萧姓》一书的发行仪式,由理事会会长萧斌老先生主持,介绍了《会昌萧姓》一书的编撰由来和该书的编撰过程、重要价值等。该书分为源流、基业、教育文化、人物等几个部分,历时三年多精心编撰而成,厥功不易。萧博士作为萧氏家族里的杰出人才,也应邀参加了发行仪式。其个人简历,被收录该书中。

13. **赴宴**。11:30,举办庆贺午宴。发行仪式结束后,已临近中午,进行最后一个议程,摆了数桌酒席庆贺萧艳平博士。由于宗族里的各宗亲分散居住,祠堂里没有专门的厨倌师傅,本次活动请的是下乡包餐人员负责酒席。食材均由承包方负责,十分方便。当天中午,萧氏宗祠理事会成员、萧博士家的亲戚朋友、西江萧氏宗亲理事会、本房的叔伯兄弟及兄弟房系的代表,大家欢聚一堂,开怀畅饮,共同祝福萧博士家升匾大吉、人丁兴旺、吉祥如意!

14. **合影留念**。午宴结束后,萧博士一家萧氏宗祠理事会成员在萧氏祠堂前合影留念,用镜头记录下了这一激动人心的日子。

(二)会昌白鹅水东郭氏祠堂"隆华堂"升匾仪式

水东村隶属于江西省赣州市会昌县白鹅乡,位于白鹅乡东面,距乡政府驻地2公里,与乡政府隔江而望。东与于都县黄麟镇交界,南与庄口镇毗连,西与于都铁山垇镇接壤,北与于都县黄麟镇相邻,距会昌县城38公里,地处江南丘陵地区于山山脉,境内绵江、湘江、濂江三条河流汇集而成贡江。全村辖有圳坎面、大屋下、塘坎脑、圳坎下、排脑、山塘屋、棋杆下、八工坑、坎脑、新屋、老屋、大坪山、新屋下、角屋山等14个村民小组,耕地面积713.54亩,林地面积11000亩,人口462户1752人。有丰富的水资源和竹、木资源,主要以优质稻为主,特色产业有蔬菜、扁萝卜、脐橙等。

水东村有郭氏约400余人,他们自称是唐代名将郭子仪的后代。据族谱记载,郭子仪三十一世孙郭和乾,字抑弦,郭斯周之子。嘉靖四十五年

（1566）从于都县黄龙乡下沙村迁到白鹅乡水东坎脑开基，是为白鹅水东郭姓始祖。其后裔在白鹅乡水东老屋建爵明堂，在白鹅乡水东新屋建缔向堂，在白鹅乡水东八工坑建和济堂。与此同时，其兄弟奉祥迁西江兰陂大坪脑开基，是为西江兰陂郭姓始祖。

水东郭氏祠堂"隆华堂"升匾仪式节录如下：

1. **召开理事会**。水东村郭氏祠堂"隆华堂"竣工后，宗祠理事会成员要召开会议，商讨祠堂祖牌升座暨"隆华堂"匾升匾仪式，主要有以下工作要做：一是请日课师择吉日良辰；二是定制"隆华堂"匾额及表彰贡献较多的宗亲的匾额；三是请好民间乐队；四是采办仪式需要的鞭炮、香烛、肥猪、鸡等祭祀所需诸物；五是请好厨倌师傅，开列好办酒席需要的食材，由专人负责采买；六是请好本姓礼生，主持升匾活动，仪式前需到位；七是确定仪式流程和人事安排；八是做好前期宣传启动工作。各项工作，都需有专人负责，才能确保仪式有序开展。本次理事会会议，主要商讨了上述诸项工作，并安排专人负责。

2. **择吉日良辰**。本次仪式活动，是祠堂祖牌升座暨"隆华堂"升匾仪式，涉及水东郭氏家家户户，作为一项十分严肃的宗族活动，需要请择日大师择吉日良辰。择吉由祠堂理事会理事长负责，到白鹅乡圩上请择日师即可，要符合祠堂的朝向和理事会成员的生肖属性，不可选主事者及其内人年命相冲、三煞、三刑、箭刃、天罡四杀或回头贡杀日。凡有不利的，当日可自行回避。本次升匾仪式，择定农历二〇一六年十二月十八日（2017 年 1 月 15 日）辰时举行。

3. **定匾**。匾额制作工艺复杂，一般要到专业的店铺去定制，并详细告诉店主匾额内容、形制和接匾额的时间等。本次祠堂祖牌升座暨"隆华堂"升匾仪式，涉及祖牌和匾额的制作，共计祖牌 30 方，匾额 5 方。经理事会会议商定，考虑制作成本和运输成本，就近寻找商家，交由白鹅乡某专门制作匾额、祖牌的雕刻店负责。由理事会会长亲自前往制匾店铺沟通指导祖牌、匾额的内容、形制及交匾时间等事项。

祖宗牌位的写法很有讲究，各地方有所不同，总地来说需要符合"黄道"。赣南客家地区约定俗成需要合"道远几时通达，路遥何日还乡"的"大黄道",在行文上按这两句诗轮回循环,最后一个字应要对应"道、远、通、达、遥、还"这几个"走之旁"的字。也就是说,写祖宗灵牌的时候,祖牌写的最后一个字需要停留在带有"走之旁"字所在的位置,否则不吉利。

4.接匾。5:30,接匾。2017 年 1 月 15 日上午 9 点,是择日师所择的吉日良辰。由于制匾店铺在白鹅圩上,与祠堂相距 2 公里,祖牌和匾额数量较多,为尊重祖先,理事会商定步行前往圩上迎接祖牌和匾额,因此需 5 点半就出发接匾。祠堂理事会安排了少年 10 名,成年男性 20 名,负责扛旗帜,捧祖先神位牌。少年则是品学兼优的三好学生,男女各一半。这些人员,均为郭氏后裔,成年男性均为父母健在、儿女双全的好命人。与民间乐队 7 人,一路上吹吹打打,十分热闹。过去一般只能由男性负责接匾,时下正处新时代,男女均可参加。

5.游匾。6:30,游匾。在店铺将祖牌、匾额交割完毕后,就由两个少女扛着旗帜,年轻的后生抬着"隆华堂"匾额,走在队伍最前头,后面跟着捧着祖先神位牌的老少族人,接着是抬着"睦族荣昌"等匾额的族人。

一路上,锣鼓声、唢呐声、鞭炮声响彻云霄,整个队伍浩浩荡荡,从圩上沿着公路游到祠堂。后,就将神位牌和匾额放在祠堂门前的桌子上。桌子上事先垫上一张大红纸,显得更加庄重喜庆。

6. **请匾**。8:40,请匾。鲁班先师是木匠师傅的祖师爷,但凡涉及木工行当,均十分敬重鲁班先师。举办升匾活动,尤其是祠堂竣工暨升匾活动,一般要在祠堂外用八仙桌搭一个鲁班先师坛。在接匾的同时,郭氏宗祠请来的礼生郭先生,已在祠堂外安放了鲁班先师坛,由红纸折成一牌位,上书"大匠鲁班先师神位"。神位前放置香烛、果品、茶饭等祭祀用品。8:40,礼生指挥人员将"隆华堂"匾从大门口抬至神案处,鸣炮,礼生口中念念有词,进行请师仪式,祭拜鲁班先师。礼生穿红色吉服,扎红色头巾,在神位前行三跪九叩大礼,三上香,请神降临。

7. **点光**。9:00,点光。礼生请神降临后,取公鸡鸡冠上的鲜血,贮存于碗里。用毛笔在匾额、神位牌上一一点去,是为点光。根据民间的说法,神位牌点光之后,祖先的神灵就会依附于神位牌上,保佑子孙后代。

点光前,还要将笔放香炉上绕圈,一边绕,一边念《敕笔咒》:"祖师敕神笔,本师敕神笔,仙人敕神笔,玉女敕神笔,三师三童子敕神笔,三师三童郎敕神笔,笔点灵朱光,邪魔走茫茫,一敕神笔人长生,二敕神笔鬼邪藏,三敕神笔丁财旺。神笔点慧眼,祖先开神光。"后走到神牌前,念道:"在阳为祖,

在阴为神。祖神之德,护佑子孙。房房兴盛,家家添丁。人财两聚,锦绣添神。吾乃开光,祖公显灵。"

8. 祭鲁班。9:10,祭鲁班。祖牌开光后,礼生引导各房代表三人,行三跪九叩大礼,祭拜鲁班先师。三上香,献馔,献酒。礼生宣读告文。告文曰:

> 维公元二〇一六年十一月十八日之良辰,郭氏信民某某、某某等①,谨以香烛清酒之仪,主祭于大匠鲁班先师主德尊神前,曰:恭维尊神,艺高于天。传艺奕祺,雕尔□□。蒙赠吾祖,松柏常青。兹卜良期,升座祖堂。谨以清酒,恭告惟度……

告文宣读毕,又引导各房各支宗亲代表行三跪九叩大礼。后,礼生杀鸡,祭祀鲁班先师。众人随班拜、兴。礼生谢神,送神。

9. 祭门神和龙神。9:20,祭门神。门神是司门之神灵,是古代的五祀之首。门神神位则位于大门左侧,祠堂的门神,既保佑祠堂的风水,也保护着

---

① 这里的某某,主要是宗祠理事会会长、副会长,或主祭、陪祭及各房系代表的名字。

祖先,因此,祠堂竣工尤其重视祭祀门神。将神案抬至门前,关上大门,礼生引导各房代表三人,行三跪九叩大礼,三上香,献馔,献酒。礼生宣读告文,杀鸡祭祀门神。

9:30,祭祀门神毕,接着祭祀龙神。龙神即后土,其祭祀仪式同上,兹不赘言。后礼生宣读告文,其告文如下:

> 维公元二○一六年十一月十八日之良辰,本宫信民某某、某某等,谨以香烛清酒之仪,主祭于本宫土主龙神等神前,曰:恭维尊神,德配于天。中央镇静,福泽连沛。在我祖堂,久沐恩禄。兹之重建,堂构岿然。祖牌升座,昭告神前。寅具不腆,罔伸告虔。伏维不吐,鉴此微忱。佑我信民,富贵绵绵。谨告。

10. 祭匾。礼生引导各执事将祖先神位牌捧入祠堂,将"隆华堂"匾安放神案上。礼生和各房代表祭祀堂匾和祖先神位牌。在礼生的引导下,进行拜匾仪式,宣读告文。

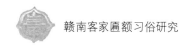

11. **撒粮米**。礼生捧米盘撒粮米。礼生一边发粮米,一边祝赞。其祝赞词大同小异,都是比较吉利的祝福话语。一般如下:

一发东方甲乙木,代代子孙食天禄。

二发南方丙丁火,代代子孙早登科。

三发西方庚申金,代代子孙斗量金。

四发北方壬癸水,代代子孙常富贵。

五发中间戊己土,子孙能文又能武。

六发东西南北并中央,代代子孙都健康。

日吉时良,大吉大昌;

祖神护佑,世代荣昌!

一要房房皆兴盛;二要家家添丁粮;

三要人丁旺盛千年火;四要椿萱并茂百岁长;

五要代代子孙都富有;六要子孙辈辈有宰相;

七要生意兴隆融四海;八要财源滚滚达三江;

九要读书读到博士后;十要做官做到党中央。

日吉时良,大吉大昌!

老者听了增福寿,少者听了添丁粮。

今日听我祝赞后,荣华富贵万年长!

12. **升匾**。9:40,升匾。事先将匾额的两头系上长长的绳子,站在两边楼梯上的人同时用力,将匾额慢慢地往上升,按事先安排好的位置,把匾额固定悬挂在祠堂的橡子上。在悬挂匾额时,锣鼓声、鞭炮声、唢呐声响彻祠堂内外,震耳欲聋。如有多方匾额,则务必在吉日良辰内悬挂完成,否则不吉利。待挂匾后生下地,鼓乐大作,鞭炮齐鸣,以示庆贺。

13. **祖牌升座**。礼生引导各执事,根据左昭右穆的原则安放神位牌。一般一世祖(开基始祖)放在最中间,而二、三世祖依次往两边摆放。二世、四世、六世,位于始祖之左方(即我们正面的右边),称"昭";三世、五世、七世,位于始祖之右方(即我们正面的左边),称"穆"。上一代为"昭",下一代则为"穆",依次排列。为了预防临时排位会出差错,对祖先不敬,往往在祖牌升座前,会反复研究牌位的摆放顺序,甚至在祖先牌位上用数字标记。

祖牌安放妥当后,礼生点三炷香到门外露天处,念咒请祖先神,接引神灵入座。再点三炷香拜神、接神,然后再将香插在香炉上。其陪祭者参香,祝祷。献酒一、二、三遍。烧四色金(大寿金、寿金、刈金、福会依次焚烧)。礼生宣读告文。各房各支代表依仪规拜、兴。

14. **杀猪祭祀**。在祠堂中间摆放一张长条形大凳子,屠夫在执事的帮助下,杀猪。后,礼生宣读祭祖祝词。曰:

> 祖考命工祝,承致多福无疆。卑尔①孝孙,来尔孝孙,卑尔②受禄于天。宜稼于田,眉寿万年③。子子孙孙,勿替引之。

15. **呼赞**。礼生手执雄鸡,呼赞,祝贺东主。呼赞,在建阳宅动土、上梁、

---

① 卑尔,当作"于尔",否则不通。

② 此处"卑尔",当作"俾尔",否则不通。

③ 有些告文,此处还有"宜勤于学,宜稼于田;宜艺于工,宜贾于商;宜修道德,眉寿永年。"等几句,似乎更全面。民间的告文随意性强,或由于年久日深,写告文的礼生忘记了。

落万年石(即现代的奠基)、安门、请神登位等都有不同的呼法,在内容上的不同和形式上有所不同而已。

16.**赴宴**。当天中午,本宗祠理事会成员、祠堂各房系代表及同姓氏的其他房系代表,大家欢聚一堂,开怀畅饮,共同祝愿祖牌升座暨堂匾升匾大吉、人丁兴旺、房房兴盛、吉祥如意!

第七章　匾额传奇

第一节　罗洪先与"庄溪草堂"

在会昌县百匾堂,有一方吉水明嘉靖年间状元罗洪先题写的"庄溪草堂"匾额,是国家二级文物,弥足珍贵。状元罗洪先为什么会给胡庄溪题写匾额呢? 这有一个会昌人津津乐道、耳熟能详的故事。

这个故事,就发生在离会昌县城西南30公里处、庄埠乡濂江东侧的胡家村。据当地人讲,庄埠之名,就起源于胡庄溪。庄溪先生因结交状元罗洪先,其居住地"怀仁里"渐渐出名,后来他的儿子胡金池埋葬在怀仁里不远的濂江边,以至形成了商埠、码头,乡人感念庄溪父子,取其中"庄"字以纪念之,这小码头遂有了"庄埠"之名号,及至衍生出庄口的地名(旧名络嘴、洛嘴)。

庄溪乃其号,名大徽,字慎夫。据同治《会昌县志》载,胡大徽11岁丧父,稍长便追随"心学"创始人王守仁的弟子、于都人何廷仁"致良知之学"。然而,从师何廷仁一段时间后,何先生发现他心思过杂,读书不博,学习有困难,他自己也有所感觉,便暂时放弃了学习。据说,休学的胡庄溪学心不死,打听得吉水有一位对王守仁心学很有研究的罗洪先,便一路追赶,直到丹阳才追上,胡庄溪问罗洪先:"我真的学不来'致良知'吗?"罗洪先为其执着精神所感动,鼓励他:"如果你立志,没有什么学不会的!"于是,胡庄溪再度进修心学。他这次拜的老师是理学名家邹守益、欧阳德。胡庄溪与两位名家一起吟风弄月,游戏山水,在他们两人的熏陶和教育下,潜移默化,渐入佳境,"于良知学绰有心得"。学有所得的胡庄溪,回到故乡后,遵守朱子家礼,割让田地给弟弟,捐谷赈饥民,捐金修王阳明祠。县里推举他为官,他坚辞不受。

多年后,他让自己的两个儿子胡夷简、胡恕简拜罗洪先为师。这应该是嘉靖十九年(1540)以后的事,当时的罗洪先已从翰林院修撰官位上被贬回家乡,野游吉赣两地,正与邹守益、何廷仁、黄宏纲等王守仁的一大批弟子们在于都罗田岩共研心学精髓。罗洪先有感于胡庄溪好学、敦厚之秉性,慨然接纳其二子为徒,并以胡庄溪年长而以"道兄"相称。为教育好胡夷简与胡恕简,罗洪先来到胡家村,在"庄溪草堂"广纳弟子,教书三年,成为佳话。罗洪先知识渊博,凡天文、地志、礼乐、典章、河渠、边塞、战阵攻守、阴阳、算数,无不精研,尤精舆地学,他编绘的新图《广舆图》,直至清代中叶仍在沿用。到了庄埠的罗洪先,将毕生所学教授给了胡庄溪的儿子及村子里其他后学。后人为纪念罗洪先在会昌庄埠办学这段历史,将"庄溪草堂"叫了"驻罗庵书院",因罗洪先字念庵,又叫罗念庵书院。再后来,书院成了祠堂。如今,历经四百多年风雨浸淫的古祠堂,饱经沧桑,门楼及两侧厢房毁圮已久,许多功名柱与石梁成了沟桥与路基,上厅悬挂的罗洪先带来的一对铜鹤也早已杳然。但飘摇的庄溪草堂依然坚强不倒,尤其令人宽慰的是状元罗洪先亲书的"庄溪草堂"匾,一直悬挂到了20世纪末,眼见草堂渐危,才作为重要文物被县博物馆收藏了起来。

在72岁时,胡庄溪仙逝于庄埠。史载,胡庄溪死后,罗洪先赶至胡家村,亲自为庄溪先生撰写了墓志铭。至今,翻阅胡氏族谱,罗洪先撰写的胡庄溪墓志铭仍被恭恭敬敬地保存在其中,成为胡罗二人友情的最好佐证。

关于胡罗二人的友情,还可以从同治《会昌县志》的艺文卷中一则罗洪先写给胡庄溪的书信略知一二。这封书信涉及两家人的不幸遭遇,情真意切,读来让人甚是感动,书信信笔而书,却极有文采与哲理。信的大意是:久

"庄溪草堂"匾

闻庄溪道兄遭受无妄之灾，很是相怜，但我却爱莫能助。朋友们每每从于都归来，说起你的事，我渐渐有所明白。事情如果真与自己不相干，自难污蔑，即使有所损失，也等于是一场灾祸相寻。俗话说，财去人安，这话虽粗俗，道理却实在。圣人说的得与失相当的道理，大抵如此。天道人事，每每俱然。凡事要认命，千万不要怨天尤人。你遭受了此番磨难，要引以为戒，以后处人务必谦和，要做到"使人爱而不忍相伤"。留人务必要详细观察，从善而择，不可滥收，既然收留了则要待之有恩。若不这样做，于身心无补。我去年做了一书室，与妻儿居住，因地方太过湿溽阴暗，竟然灾祸迭生，一年之间，连丧三人，而小弟又于七月夭折。这两个月我在外面野寝，今晚始归。看来，求一岁平坦难得，如今我是"深信损益乘除之于身心极有益"。

有趣的是，胡庄溪与罗状元亲密交往的这段故事，后来竟被庄溪人，以至所有的会昌人演绎成了一个极其美好的传说——嘉靖年间，胡庄溪贩运粮食往商贸交易市场的鄱阳湖，正遇洪水，阻滞鄱阳湖入口的名镇吴城，巧遇也阻搁于此赴京赶考的吉水人罗洪先。两人一见如故，交谈甚欢，胡见罗仪表俊雅，气宇不凡，学识渊博，料必高中，当胡庄溪得知罗洪先因盘缠不够欲打道回府时，毅然将一船稻谷卖了，将所得银两悉数送与罗洪先赴京。罗洪先果然一举高中。中了状元的罗洪先被官授翰林院修撰，却旋即向朝廷请假，说是要回江西报答一位恩人。于是，他来到胡庄溪的家乡——会昌怀仁里，自愿为胡庄溪办私学三年，为胡庄溪的儿子及村子里的其他学生免费教书。

值得重笔一写的是,罗洪先教的弟子里面,胡夷简算是最有出息的一个。夷简,字近道,号金池。年少时他师从罗洪先,罗以小友呼之,师生情感甚好。罗洪先返乡后,他继续与何廷仁、黄宏纲等交往、学习,何、黄待这位状元的高足宛如同辈。后来,夷简以贡元身份,被朝廷任命为广东惠州长乐知县,"后升任云南宾州知州不就,归"。回到家乡的胡夷简,为弟子乡人讲学,清贫一生,死后被祀为乡贤。明万历二十四年(1596),夷简死后,创造了另一个奇迹。后人将他埋在离胡家村数里外、现庄埠圩旁边的濂江西岸车田坝,造了一座高 3.9 米、宽 9 米、深 25.2 米、占地面积 225 平方米的非常壮观的墓冢,墓冢两边甚至还建有可供人休息的厢廊。据传,其子为其守陵 3年,搭茅庐于墓侧,不料,本地乡人及外地朋友前来凭吊者络绎不绝,以至濂江东岸高坎处的平原地带竟渐渐有了茶肆、酒楼、客栈、商铺……3 年守陵结束,一个簇新的圩市就此形成,这便是今天的庄埠圩了。

第二节　毛伯温与周田"诒穀堂"匾^①

在会昌周田张镇公祠,悬挂着一方"诒穀堂"匾,题匾人是嘉靖年间兵部尚书毛伯温。毛伯温(1482—1545),字汝厉,号东塘,江西吉水(吉水县八都镇圳上毛家村人)人。正德三年(1508)进士,嘉靖初年,升为大理寺丞,误判李福达重罪被革职。嘉靖十五年(1536),因明世宗欲图征讨安南,毛伯温被任命为兵部尚书。嘉靖十九年(1540),毛伯温不费一刀一剑讨平安南归朝,封太子太保。嘉靖二十三年(1544)秋,毛伯温被人诬陷发放边疆,途中被赦免还乡,还乡后不久病发去世。

毛伯温作为明朝高官,怎么会为这个偏僻的张氏百姓题匾? 说来大有

---

① 本故事可参见会昌县委宣传部编印的民间故事集《报晓鸡》,笔者读初中时曾读过,然目前没有找到该书,只能仅凭记忆和采访整理。

来头,这里有一个周田张氏津津乐道的张镇与毛伯温结拜兄弟的故事。

周田紫云山脚下,有个叫张镇的年轻人,他聪明好学,后因家庭困难,放弃了学业。周田一带地势平坦,区位优势明显,他家刚好在湘江边上,张镇看着河里的风帆忙碌着,灵机一动,心想把附近乡村的木头扎成木排顺水而下贩运到外地,一定能卖个好价钱。于是,和兄弟合伙,以贩运木材为生,生意渐渐越做越大。

一次,张镇贩运的木头照常从湘江顺水而下,经过吉水县八都毛家村湾排地方,停下来休息。却见一位八九岁孩童手持刀具登上木排,礼貌地问张镇:"大哥,请问木排上的杉树皮可以让我刮吗?"张镇眼看他品貌清奇,彬彬有礼,连忙答应:"可以。"一边帮他刮树皮,一边问他道:"你小小年纪为何不去读书?"孩童回答道:"我叫毛伯温,号东塘,就在附近住。家中只有位母亲相依为命。前面上过几年学,因家境贫寒,没法继续念书。"

张镇听了,联想起自己的往事,动了恻隐之心,于是就摸着小毛伯温的脑袋问道:"我可以去你家看看嘛?"小毛伯温道:"如不嫌弃,欢迎到舍下做客。"于是,张镇一手提着捆好的杉树皮,一手携了小毛伯温去见他母亲。

到了家里,果然家徒四壁,十分贫穷。毛母见有客人来了,忙煮了茶请张镇吃,并拿出了仅有的果品招待张镇。张镇见小毛伯温家教很好,毛母颇知礼节,于是提出愿出巨金供小毛伯温上学。

临走,取出一锭银子给毛母。毛母见张镇器宇轩昂,谈吐不凡,就接了银子,叫小毛伯温跪下磕头,并要认张镇为叔父。张镇说道:"我看令郎聪明伶俐,将来一定会大有出息。今日有缘相见,我和令郎当以兄弟相称。"于是,就和小毛伯温结为异姓兄弟,并以长辈之礼待毛母。

自此,张镇信守诺言,住在了小毛伯温家,为他家操持家务 10 多年。其间毛家的一切花费,都由张镇一力承担。毛伯温也不负张镇一片厚望,果然正德二年(1507),毛伯温参加江西乡试,中了举。正德三年(1508)又一举中了进士。

嘉靖十八年(1539),张镇的儿子仁轩、融轩兄弟修了族谱,特意赶到京师,请毛伯温写序。毛伯温毫不推辞,写下了《张氏族谱叙》,并动情地回忆

了义兄主持其家政 10 多年的点点滴滴。后来,张氏修建了祠堂,毛伯温为了答谢义兄张镇,为紫云山下的张氏宗祠及半岗张氏总祠题赠了"诒谋堂""诒谷堂""诒经堂"等三方匾额和祠堂中间"懋种心田传后裔,衍长世泽继先人"的楹联。

遗憾的是,岁月沧桑,白云苍狗,当年毛伯温亲笔题写的匾额毁于战火。现在我们看到的是后人仿写的匾额。虽然已非毛伯温真迹,但他们感人肺腑的真实故事,却一代代流传至今。

第三节 赖泽霖的两方匾

推开会昌县百匾堂的大门,一方不太起眼的"文魁"匾映入眼帘。很多人不禁要问,这方"文魁"匾有何特殊之处,竟然陈列在如此显眼的位置? 它的受匾人是会昌籍进士赖泽霖。在百匾堂,有赖泽霖的两方匾,这就是人们所津津乐道的关于赖泽霖的故事。

赖泽霖(1756—1828),字雨甘,会昌县城赖屋人。他从小失去父母,由奶奶抚养成人,备尝艰辛。然不失远大之志,经常通宵达旦刻苦攻读,考取了县学廪膳生员。后因生计所迫,在县城开办私塾,以养家糊口。乾隆四十五年(1780)因屡试优等,被选为拔贡,这时赖泽霖年方 24 岁。然而,他随后多次赴乡试却屡试未及第。在会昌城赖氏宗族的资助下,他遂寓居南昌,虚心求教,焚膏继晷,长达 7 年之久。嘉庆三年(1798),赖泽霖终于在乡试中举,这方时任江西乡试正副主考官童凤三、徐志晋题写的"文魁"匾,就是实物例证。

此时,赖泽霖已经 42 岁了,但他未就此却步,而是发奋努力,继续刻苦攻读,要冲击科举考试的顶峰。4 年后,他终于荣登金榜,成为嘉庆壬戌科第三甲第三十七名进士。

赖泽霖是会昌赖氏家族从宋代到清代第三位进士,一时风光无限,是会昌学子崇拜的偶像,成为人家街谈巷议的对象。于是,就有了赖泽霖的第二方匾额"大衍初庆"。大衍指太衍之数五十,是由太极衍生、繁衍、展开、延伸出来的数;是因为这50个数是太极衍生出来的,代表天地已开,万物已生,所以演天地之变。所以50岁又别称"知命之年""艾服之年""大衍之年"。旧时男子50岁始可做寿,称"艾寿"。赖泽霖中进士的第二年(1803),正逢其姻亲刘以兴先生五十大寿,赖泽霖于是题写了"大衍初庆"四字并制成匾额,为其祝寿。

考取进士意味着实现了人生的最高学业目标,按照常例可以授予官职。但历代民间士子获得进士资格之后,并不意味着就能得到一个任职的官位,还需要等待达官贵人的举荐和朝廷的任命。清朝中期以后,由于政治日益腐败,进士们在翰林院供职的俸禄十分低,已很难保障一家老小在京城的正常开销。因此,进士们都纷纷求放外任,以贴补家用。

就这样,年复一年地等待着"补缺"的赖泽霖,直到10年后的嘉庆十七年(1812),终于被铨选到广东三水县任知县。这时,赖泽霖已经56岁。由于长期的生活操劳,在赴三水县任职仅半年时间,因身体原因导致不服水土而染病,于是只好返乡。三年后,嘉庆二十年(1815)改任九江府学教授。赖泽霖在九江府学期间,充分发挥自己的博学和才华,其门下弟子很多因科举夺魁而功成名就。他在九江学署的声誉日隆,可谓桃李满天下。道光八年(1828)冬,赖泽霖因病去世于九江学署的任上,终年73岁。

第四节　刘淑正的"老成持重"匾

会昌百匾堂有一方红字黑底的"老成持重"匾。老成并不是指人老实本分,而是指人年高有德。欧阳修《为君难论下》就有"新进之士喜勇锐,老成之人多持重"之句。老成持重,比喻受匾人年高德劭,行事谨慎稳重,不轻浮。这是时任礼部主事的黄英采,为刘淑正老人八十大寿所题写。

刘淑正(1804—1892),字葱佩,又号人仪,会昌周田镇小田村人。据清代会昌《湘江刘氏族谱》记载:刘葱佩生于清嘉庆九年(1804),"早岁贡太学,因家政旁午,未无克终。举子业,承父命,延师课读。无裘马习气,且善守成,扩充先业,创建华堂,辉飞鸟萃"。"翁之族数千人,或有鼠牙雀角,恒赖翁之一言以息争。甲午岁饥,斗米千钱,翁率族之殷户减价,以济族之贫者。其尤贫不能出钱者,悉赈恤之,所活者众"。

刘淑正早年因种种原因没有走科举求仕之路,小田刘氏聚族而居,他常常以宗族富绅身份调解纠纷,救济灾难和贫困,成为会昌湘乡很有名望的富豪。中年以后,他精心建造豪华宅院,尤其以"玉佩公祠"为代表的豪宅,成为会昌有名的客家古村落。

"玉佩公祠"主体由"四堂两横"式结构组成,坐北朝南。整栋宅院建筑面积约达15亩,有大小房间60余间。宅院四通八达,错落有致。从西侧进入仪门,连接纵向,仪门为一座伞形亭状的门楼,门榜上刻"聿修轩"三个楷书大字。步入宅院,正面是一座豪华气派、由红石砌成的主厅"玉佩公祠",门榜阴刻"玉韫山辉"四个楷书大字。朝南的大院落全部由青砖铺设地面,正南面为一堵装饰华美的照壁,照壁下方砌有一长方形池塘,照壁东西两端为半月式拱门。

正房为两进式厅堂及厢房,回廊轩峻雅致,穿过宽豁的天井,进入一幢由木屏风隔成的会客厅,会客厅的两扇木雕花纹精心细刻,栩栩如生。天井周边的红条柱石与镂空雕花石窗,与整体建筑显得更加协调完美。在主人居室后面,为豪宅的后院,另建一幢小厅堂,在厅堂左侧内墙上,有一块石碑,碑文系主人刘淑正(葱佩)所撰,其碑文如下:

余年三十有一,同弟玉佩,年十一有六,长男凤山年方四岁,于道光乙未十五年七月初一建造有前两栋。至道光壬寅二十二年八月十三建造照壁并乙山门楼,至同治壬戌元年九月十一又建造石板塘外门楼,亦乙山辛未向。至光绪元年九月初九,将照壁移出一丈,开池塘筑照壁。至光绪二年十月二十六,屋背茔后茔大树下建造围墙。至光绪七年,余年七十有八,同子侄八月初六起工,月初五起脚升梁,建造后两栋,以为子孙长远居住之所。回忆昔日,此处并无立锥之地,因府君分享房屋无几,只得渐积买就此处地基,方遂经营之志,以光先人之业。尔子侄孙曾辈,务宜体前人开创之艰,尽后嗣守成之道,庶几门第光大,家声丕振,于弗替矣,尚其勉旃,毋违。

此嘱

光绪七年孟冬月吉日　葱佩立

这位乡村富绅,为精心营造这份"家业",倾其毕生之精力,前后共建造大小房屋60多间,其建筑规模之大,工艺质量之上乘,为会昌晚清乡村民居之首。

他为人乐善好施,救穷济困,常为乡里排忧解难,尤其重视子孙后代的教育,至死仍不忘光大门第、丕振家声,时任礼部主事的黄英采在其八十大寿之际,为其题写一方"老成持重"的匾额,一时传为美谈。

第五节　张氏"百忍传家"匾额①

赣南一带,但凡张姓人家的门楣上,往往都写有一方"百忍传家"的匾额。传说这"百忍传家"匾额的由来,还有一段耐人寻味的趣事,在会昌等地广为流传。

相传很久以前,赣南某县有一个张家村,全村都姓张。村中有一张员外,出身书香门第,为人乐善好施,扶危济困,善名远扬,人称"张善人"。

张善人年近四十,膝下尚无半儿一女。为此,整日里长吁短叹,闷闷不

---

① 该文参见会昌县委宣传部主编《湘水的传说》一书,1996年内部出版。该故事的采写整理者为雷斯群。

乐。夫人多次劝他纳妾,以承继门第,怎奈张善人誓死不从。他认为夫妻恩爱,黄金难换,何况夫人尚在中年,何愁不生? 当时也有人借此恶意中伤,但张善人宽宏大度,以善为本,从不计较。

善有善报,不到一年,张夫人果然身怀六甲。十月怀胎期满,生下一个白白胖胖的男孩,张善人夫妇好不喜欢! 夫妇俩给他取名叫继忍,精心抚养教育。继忍 7 岁时,张善人不惜重金,聘请名师教他读书。这继忍不仅生得一表人才,而且聪慧过人,先生讲授的经史,一点就通,看书一目十行,过目不忘。人们都以"神童"喻之。因此,早早中了秀才。20 岁时,一举中了举人。第二年,正逢大比之年,继忍收拾行装进京赴试,不料金榜题名,中了头名状元。

殿试时,皇帝老子见新状元一表人才,龙心大悦。探得继忍并无妻室,便由当朝宰相出面撮合,招为驸马。

三日后,皇帝赐銮驾,由太监总管护送驸马回乡省亲。一路之上,各级大小官员摆酒庆贺,好不荣耀。

却说快马报到张家村,村子里户户张灯结彩,张善人合家喜气洋洋。驸马、公主一到,锣鼓喧天,载歌载舞,好不热闹。

当晚,正当大家欢欢乐乐就要开席之时,谁知从厅外忽然闯进七个乞丐。只见一个个衣衫褴褛,面黄肌瘦,满身污垢,肮脏无比。他们旁若无人地坐上首席,提筷便吃,并且口出恶言,要新娘相陪。否则,玉石俱焚,不得安宁。

张善人见状,焦急万分,即请夫人、公主、驸马等人来后堂商量。公主启开金口说:"人正不怕影斜,公公婆婆勿要惊慌,你们已忍了九十九忍,只差一忍便成就百忍,今日莫非就应在媳妇我身上?"

公主即命丫鬟备酒,亲自擎着酒壶为众乞丐筛酒。酒过三巡,乞丐们个个酩酊大醉。这时,天井中红光一闪,飘下一位红衣仙女,她笑吟吟地对众乞丐说:"众位哥哥,张善人一家真心为善,今日皆亲眼所见。不好多打扰了,都回洞府去吧。"说罢,众乞丐与仙女化作一道祥光而去。

后来,皇帝老子闻说此事,御书"百忍传家"四字赐予张善人家,"百忍传家"的故事从此广为传诵。

参考文献

（一）历史文献

[1]〔东汉〕许慎. 说文解字注［M］.〔清〕段玉裁,注. 上海:上海古籍出版社,1988.

[2]〔西晋〕司马彪. 后汉书［M］. 北京:中华书局,2001.

[3]〔明〕徐一夔,梁寅,等. 大明集礼［M］. 内府刻本.1530(嘉靖九年).

[4]〔北宋〕王钦若,等. 册府元龟［M］. 北京:中华书局,1960.

[5]〔清〕万斯大. 学礼质疑［M］. 四库全书本.

[6]〔清〕章振萼. 康熙上犹县志［M］//日本藏中国罕见地方志丛刊. 北京:书目文献出版社,1990.

[7]〔清〕魏瀛修,〔清〕鲁琪光,钟音鸿纂. 同治赣州府志［M］. 刊本.1873(同治十二年).

[8]〔清〕崑冈等修,刘启端等纂. 钦定大清会典事例［M］. 上海:上海古籍出版社,1995.

[9]故宫博物院. 钦定礼部则例二种［M］//故宫珍本丛刊:288 册. 海口:海南出版社,2000.

[10]李诚. 营造法式［M］. 北京:商务印书馆,1954.

[11]〔清〕戴体仁修,〔清〕吴湘皋纂,曾敏点注. 乾隆会昌县志［M］. 会昌县地方志办公室,2017.

[12]〔清〕刘长景修,〔清〕陈良栋纂.同治会昌县志[M].1872(同治十一年).

[13]〔清〕李渔.闲情偶寄[M].江巨荣,卢寿荣,校注.上海:上海古籍出版社,2000.

(二)论著

[1]〔清〕李诫.营造法式[M].北京:北京图书出版社,2003.

[2]〔清〕李斗.扬州画舫录[M].周光培,点校.扬州:广陵古籍刻印社,1984.

[3]罗香林.客家研究导论[M]//.董励.客家.广州:广东人民出版社,2005.

[4]罗香林.客家源流考[M].北京:中国华侨出版公司,1989.

[5]房学嘉,宋德剑,周建新,等.客家文化导论[M].广州:花城出版社,2002.

[6]陈支平,郭志超,等.闽南宗族社会[M].福州:福建人民出版社,2008.

[7]赵广超.笔记《清明上河图》[M].北京:生活、读书、新知三联书店,2005.

[8]李坚.江西戏曲 民间舞蹈 民间音乐现状调查[M].南昌:江西人民出版社,2012.

[9]赵屹,莫秀秀.中国民俗文化丛书:吉祥图案[M].北京:中国社会出版社,2008.

[10]马宗霍.书林藻鉴 书林纪事[M].北京:北京文物出版社,2003.

(三)论文

[1]李艳华.简论传统匾额的社会功能与文化价值[D].重庆:重庆师范大学,2008.

[2]钱炜蕾.民众生活理想和精神追求的表达与鞭策——匾额习俗探析[D].上海:华东师范大学,2009.

[3]王贵民.赣南客家传统吉祥图案研究[D].赣州:赣南师范大

学,2013.

[4]田瑶.艺术设计视角下的赣南客家匾额文化研究[D].赣州:赣南师范学院,2015.

[5]苏显双.匾额书法文化研究[D].长春:吉林大学,2017.

[6]肖建春.匾联文化研究——以成都地区匾额、楹联为例(上、下)[J].西南民族大学学报(人文社科版),2007(3).

[7]刘斌.匾额与民俗文化[J].晋阳学刊,2011(2).

[8]许怀林.关于客家源流的再认识[J].客家研究辑刊,1998(1-2).

[9]罗勇.赣南客家姓氏渊源研究[J].赣南师范学院学报,2003(5).

[10]刘劲峰.积累与嬗变——略论客家民系的形成过程[J].客家研究辑刊,2001(1).

[11]林晓平.赣南客家宗族制度的形成与特色[J].赣南师范学院学报.2003(1).

[12]〔泰〕伍启芳.什么是客家精神[C]//客家人(梅州,创刊号),1990.

[13]钟俊昆.客家精神——文艺学视角的考察[J].西南民族大学学报(人文社科版),2006(2).

后　记

　　2013年,承蒙县文化馆梁玲娜馆长等领导关心,我从乡镇中学调到了县文化馆,从事"非遗"保护工作。用很多亲友的话来说,我终于做了自己喜欢做的工作,这是一件幸事。

　　说起"非遗"保护工作,我从大学时起就有意识地搜集了整个赣南地区的民间故事,还在课堂上讲了一个民间故事,还特地用我那五音不全的嗓音唱了一首会昌山歌。到文化馆工作后,我参与了各层级的"非遗"项目申报与保护工作,此后,边摸索边开展田野调查。当年,又有幸参与了赣南客家擂额习俗申报国家级"非遗"项目的相关工作,也结识了刘魁立先生、苑利先生、傅安平先生、廖小凤女士等一批"非遗"专家,对"非遗"保护工作有了更深的了解。

　　2014年12月,赣南客家擂额习俗成功列入第四批国家级代表性"非遗"项目名录。这大大鼓舞了我做"非遗"保护工作的热情。"非遗",是一门需要用脚走出来的学问。于是,我一头扎进了"非遗"的广袤田野里,哪里有活动我就骑着摩托车往哪里钻。

　　后来,为了顺利开展工作,我看了不少关于"非遗"传承保护的专著,如《非物质文化遗产概论》《非物质文化遗产传承与保护》等等,甚至还自费搜集全了劳格文先生主编的《客家传统社会丛书》(30册)、齐涛先生主编的《中国民俗通志》(15册)。又看到江苏、浙江等地很多"非遗"项目都有一本专著,也就不自量力地想专门写一本赣南客家匾额习俗的通俗读物,让更多的读者了解并喜欢赣南客家匾额习俗。2019 年、2021 年,我先后两次为高校师生介绍了赣南客家匾额习俗的前世今生。这两次的学习交流,让我更加坚定完成本书的信心和决心。

十年风雨兼程,在"非遗"保护传承的路上,我一步一个脚印地丈量着我所处的这片田野,一如既往地在田野不断耕耘、不断收获。让我尤其记忆深刻的是,2018 年 4 月 26 日,我从南昌出差回来,还没进家门,转身就陪同景德镇陶瓷大学刘茜同学去采访传承人萧天长老师。彼时刘茜想以匾额文化撰写本科毕业论文。后来,她的毕业论文《匾额纹饰研究》也被吸纳到这本小册子中,她本人也考取了景德镇陶瓷大学的硕士研究生。

这本呈现在大家面前的小册子,可以说是我从事"非遗"保护工作 10 年来的总结。这本薄薄的小册子,从动笔到完成,前后跨越了好几个年头,我有点懒惰,好在有诸多师友、同事不断鼓励我、鞭策我,才最终完成了这个艰巨的工作。

本书的写作,得到了深圳大学周建新教授、赣南师范大学钟俊昆教授、李晓方教授、温春香教授、萧艳平教授、邹春生教授、朱忠飞博士,井冈山大学胡衍铮教授、丁功谊教授、陈冬根教授等师友的关怀指导,以及廖小凤、宋瑞森、刘冬春、张炳春、萧天长等诸多同仁的关心,特别要提到的是江西人民出版社吴艺文老师、赣南师范大学钟俊昆教授、萧艳平教授在通读书稿后,提出了很多良好的完善建议,谨此表示诚挚感谢!钟俊昆教授、萧艳平教授欣然为本书作序,为本书增色不少。云南师范大学历史与行政学院李平博士帮忙校对了书稿,订正了不少错误,谨表谢忱!

由于本人学识浅薄,这本薄薄的小册子难免有不足之处,期待读者们不吝赐教。

曾 敏

2023 年 4 月于藏拙轩